VIES DES HOMMES ILLUSTRES - N° 60

LA VIE DE

NOSTRADAMUS

par

JEAN MOURA ET PAUL LOUVET

nrf

4ᵉ édition

LIBRAIRIE GALLIMARD

PARIS 43, rue de Beaune 1930

LA VIE DE

NOSTRADAMUS

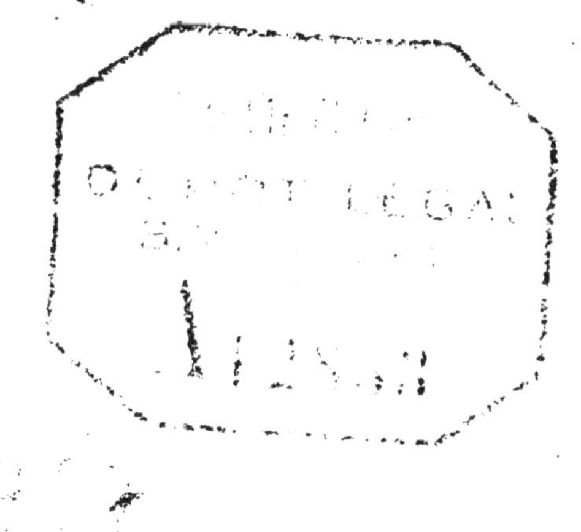

Dieu se sert long=tems de ma bouche,
Pour t'anoncer la verité,
Si ma prediction te touche
Rends grace à sa Divinité.
J. Sauve Scul.

VIES DES HOMMES ILLUSTRES — N° 60

LA VIE DE

NOSTRADAMUS

par

JEAN MOURA ET PAUL LOUVET

nrf

4e édition

LIBRAIRIE GALLIMARD

PARIS   43, rue de Beaune   1930

CHAPITRE I

L'ADOLESCENCE STUDIEUSE

La nuit s'était couchée, comme une grande louve fatiguée, sur le bourg provençal de Saint-Remy, et l'on vit une lampe s'allumer derrière un vitrail. Le médecin astrologue Jean de Saint-Remy donnait à son petit-fils, Michel Nostradamus, sa leçon quotidienne.

Son visage était souriant et sa parole familière. Il avait accoutumé d'instruire le jouvenceau d'une manière toute naturelle et simple, car il était ennemi des doctes dissertations qui assombrissent l'enfance et font, plus tard, de celui qui les a entendues quelque homme hypocondriaque, maussade à tous et plus encore à lui-même.

Bien qu'ils fussent d'origine israélite, le médecin et ses parents comptaient parmi les plus vieilles familles de Provence. Leurs lointains ancêtres s'y étaient réfugiés lors de la ruine du temple de Jérusalem. Le peuple de Sion était alors plongé dans les larmes ; tous ceux qui ne gémissaient pas au fond des cachots vagabondaient de par le vaste monde ; la Provence en avait reçu un grand nombre ; ils s'y étaient abattus avec leurs vases d'or, leurs chandeliers à sept branches, et leurs tentes nomades qu'ils avaient plantées un peu partout, dans les champs d'oliviers. Puis cette tente grossière que le mistral emportait quelquefois, et où la neige fondait aux jours les plus sombres de l'hiver, s'était transformée en une bonne maison chaude, où la femme juive pouvait préparer en paix ses plats rituels et allumer ses flambeaux symboliques sans que le vent des chrétiens les soufflât et que la pluie les éteignît.

La Provence avait toujours été douce aux enfants d'Israël ; le roi René, qui tirait beaucoup d'argent des Juifs, les avait même autorisés à pratiquer la médecine, le commerce, les arts ; ils pouvaient être procureurs fiscaux, et l'on en voyait de préposés aux péages. Ils observaient en toute liberté les rites de leur religion [1]. La population témoignait envers eux d'une tolérance toute particulière ; elle ne les obligeait pas à vivre enfermés dans un ghetto, et le bon peuple provençal les coudoyait sans que la vue de leur longue barbe et de leur noire houppelande éveillât en lui l'appétit du supplice et le désir d'assister, un jour de fête carillonnée, à quelque belle grillade humaine, bien nourrie de paille et de bois. Aussi s'étaient-ils installés, avaient-ils fait souche. Les bords de la Durance en étaient peuplés. Ces nomades étaient devenus sédentaires ; on les trouvait installés devant leurs comptoirs, où ils aunaient de riches étoffes et pesaient de la chandelle comme s'ils eussent été de paisibles bourgeois chrétiens.

A l'exemple de leurs coreligionnaires d'Italie, ils faisaient le commerce des épices ; on les voyait ouvrir

1. Édit de 1454.

de gros ballots tout parfumés de l'odeur des Iles, ou mouler la cire de Provence en beaux cierges fins qui s'en allaient brûler dans les églises et cheminer, aux processions, entre les doigts des dévots.

Ils avaient même des conservateurs de leurs privilèges, nommés par le roi ou le comte.

Ces enfants d'Israël prenaient des airs béats et bien nourris ; le feu sombre de leur regard s'éteignait ; une douce quiétude détendait leurs faces jaunes, et ils engraissaient tout doucement sous leurs longues lévites. Certains d'entre eux étaient arrivés à de hautes situations, et même à des charges importantes auprès des princes. Ils passaient, montés sur des mules ; la foule s'écartait devant eux pour leur laisser la route libre, car c'étaient de grands personnages.

Parmi ceux-ci, on comptait l'astrologue Jean de Saint-Remy, médecin ordinaire et conseiller du roi René. Il avait longtemps vécu à la cour de ce gentil monarque, qui lui témoignait une estime et une amitié toute particulière.

Par amour de ce bon maître, le médecin astrologue avait appelé sa fille Renée. Un notaire de Saint-Remy, Jaume ou Jacques de Nostre-Dame [1], en était devenu l'époux. Ce notaire se trouvait lui-même fils d'un savant docteur, Pierre de Nostredame, qui soignait les bonnes gens de la ville d'Arles. Mais il composait lui-même les remèdes qu'il ordonnait à sa clientèle, et les apothicaires, dépités d'en voir le gain leur échapper, étaient allés le dénoncer aux consuls qui gouvernaient

---

1. Il avait pris le nom du quartier qu'il habitait à Saint-Remy-en-Provence (quartier de Nostre-Dame) ; par la suite, le nom fut latinisé, selon la mode du temps, et devint Nostradamus.

la cité. Ils l'avaient accusé de falsifier ses drogues. Pierre de Nostredame, destitué de ses fonctions, était entré bientôt au service du duc de Calabre, qui l'avait donné à son père, le roi René. Le bon roi en avait fait son principal médecin. Il s'enfermait bien souvent avec lui pour étudier les choses célestes, et l'aimait par-dessus tout à cause de sa vieillesse et de son expérience [1].

Ainsi les deux médecins astrologues de Saint-Remy étaient des familiers de la cour de Provence, et le peuple juif se trouvait honoré en leur personne, qu'on voyait pénétrer dans les appartements privés des princes et gravir les degrés de leur couche somptueuse.

Or voici que Dieu avait gardé de nouvelles épreuves pour l'élu de ses peuples.

A la mort du roi René, la Provence, par testament, était devenue le domaine de la couronne de France [2].

Un jour de l'an 1501, des lamentations retentirent dans toute la province. Le 26 septembre, par un édit irrévocable, Louis XII avait ordonné aux Juifs de recevoir le baptême et de se faire chrétiens, « autrement, de vider sans délai, sous de grandes peines, son pays de Provence ». L'édit avait été exécuté.

Les miséreux s'en allèrent. Les riches, consternés, les regardaient passer avec leurs hardes à la main, leurs enfants, leurs deux ou trois bêtes maigres et leurs ustensiles de cuisine. Ils n'avaient pas changé

---

1. Manuscrit des archives d'Aix — Extraits par Faurés de Saint-Vincent. Mémoire et Notices sur la Provence.

Les Juifs dans le Moyen-Age, par G.-B. Depping.

2. Par testament de Charles, dernier comte de Provence de la seconde maison d'Anjou, mort en 1481.

depuis les temps lointains qui les avaient vus aborder en Provence. Où allaient-ils ? Ils tendaient le bras dans des directions vagues et se dirigeaient au hasard vers le Comtat Venaissin, l'Italie, l'Espagne ou les pays du Levant.

Les autres, ceux qui possédaient du bien, baissaient le nez ; ils se disaient qu'il y a peu de mérite à demeurer fidèle à la foi de ses pères quand on ne laisse derrière soi qu'une maigre paillasse et qu'une misérable cabane branlante. Mais s'en aller quand on a une bonne maison, où les marchandises montent jusqu'aux poutres du plafond, des champs, des vergers, des moulins !... Les riches ne dormaient plus. Ils pensaient à leurs jarres d'où coulait l'huile parfumée des olives, à leurs magasins pleins de cire et d'épices. Qu'iraient-ils faire sur les grands chemins ? Etait-ce leur place d'errer comme des vagabonds par les routes innombrables, de s'échauffer au soleil, de s'enrhumer à la pluie ? Leur esprit subtil leur fournissait mille arguments. Après tout, se disaient-ils, Jéhovah est toujours Jéhovah, en quelque langue et de quelque façon qu'on le prie ! Notre sécurité vaut bien une messe... Mais alors une voix formidable, qui semblait venir tout droit du mont Sinaï, criait au fond d'eux-mêmes : Ecoute, Israël le Seigneur notre Dieu est le seul Dieu [1]. » Et la voix s'enflait, les faisant suer de peur sur leur couche bourrée de plume : « Aime donc le Seigneur ton Dieu, et garde ses commande-ments, et ses cérémonies, et ses droits, et ses ordon-nances à toujours ! [2] »

---

1. Deutéronome, chap. VI, verset 4.
2. Deutéronome, chap. XI, verset 1.

Le roi de France leur accordait trois mois pour se
décider.

Des raisons plus hautes que la crainte seule de
perdre leurs charges et leurs dignités avaient dû engager à se convertir les deux médecins astrologues du
roi René. Ceux-là étaient des modernes, des savants
tels que la Renaissance en produisit tant, des hommes
pétris de grec et de latin, familiers de l'antiquité et
fort pénétrés du sentiment de sa grandeur, férus de
toutes les nouveautés scientifiques, instruits en toutes
les connaissances humaines, les mathématiques, l'astrologie, la philosophie. Ces sciences, sans les détacher
de la foi des ancêtres, leur élargissaient l'entendement,
et ils attachaient moins d'importance que le vulgaire
aux formes extérieures qu'empruntent les religions
pour se manifester. De plus, ils étaient frottés de cour.
Ces deux médecins astrologues n'avaient rien des
savants rébarbatifs et moroses qui se tiennent enfermés
dans une tour d'ivoire et vivent en anachorètes ; ils
avaient mené leur existence dans un décor fastueux ;
ils s'étaient vus entourés de toutes les choses délicates
que produit l'industrie des hommes et que suscite
leur désir de se faire remarquer des princes. Ils avaient
dormi dans des chambres tendues de tapisseries de
haute et de basse lisse, respiré le parfum des fleurs
et des herbes aromatiques qui jonchaient les mo-
saïques polychromes des salles où glissaient les longues
traînes des dames couvertes de voiles, entendu les
plaintes langoureuses des violes d'amour ; ils avaient
disputé avec le roi le plus libéral du siècle, et rien
n'était plus loin d'eux que le fanatisme... Ils se con-
vertirent donc et devinrent chrétiens ; mais, en le

faisant, ils abdiquèrent moins de croyances que leurs
coreligionnaires, car ils avaient un esprit plus vaste
et une science plus étendue.

Et cependant, le médecin astrologue Jean de Nostredame, et son fils le notaire, étaient plus Juifs que
tous les Juifs, car ils descendaient de la célèbre tribu
d'Issachar, en laquelle Dieu semblait avoir mis toutes
ses complaisances. N'est-ce pas d'elle, en effet, qu'il
est écrit :

... a aussi des enfants d'Issachar, deux cents princes,
hommes sages, qui connaissaient tous les temps, pour
commander quelle chose devait faire Israël. Et tout le
reste de la lignée suivait leurs conseils. [1]

Et Moïse mourant n'a-t-il pas dit :

Réjouissez-vous, Zabulon, dans votre sortie, et vous,
Issachar, dans vos tentes.
Ils appelleront les peuples sur la montagne où ils immo-
leront des victimes de justice. Ils suceront comme le lait
les richesses de la mer et les trésors cachés dans le sable. [2]

Avaient-ils prévu, les lointains prophètes, qu'un
jour viendrait où leur descendance abandonnerait la
foi de ses pères ? Le vieillard se le demandait parfois.

Le notaire et sa femme s'étaient convertis en même
temps que les deux médecins astrologues. C'était donc
à un petit chrétien qu'ils avaient donné le jour en la
personne de Michel Nostradamus. Il était venu au
monde à Saint-Remy-en-Crau, le jeudi 14 décembre

1. Paralip., livre I, chap. XII, vers. 32.
2. Deutér., chap. XXXIII, vers. 18 et 19.

1503, « sur l'heure de midi »[1] ; il aurait dû être circoncis ; il ne fut que baptisé.

La profession de notaire, certes, est honorable, et les cadets des maisons nobles ne répugnaient point à y entrer ; mais peut-on dire qu'elle place celui qui l'exerce à la même hauteur que le médecin astrologue, tout entier adonné aux sublimes spéculations de l'esprit ? Jean de Saint-Remy avait pensé qu'un descendant d'Issachar, tout converti qu'il fût, ne devait point demeurer plus longtemps éloigné de la science. Il avait donc assumé la charge de l'instruction du petit Michel, abandonnant au notaire son plus jeune fils, Jean[2], et depuis lors l'enfant et le vieillard vivaient en grand accord. La mort du roi René avait laissé le médecin astrologue sans emploi, et il bénissait Dieu de lui avoir donné cette jeune intelligence à cultiver. Il y avait apporté beaucoup de soin et de belle humeur ; l'homme de cour était ennemi de tout ce qui sentait le pédant et le cuistre hypocondriaque. Il voulait que son petit-fils gardât la fraîcheur de sa jeunesse au milieu des études les plus austères, et entendait obliger celles-ci à prendre un aimable visage.

Il lui avait enseigné les mathématiques, dans lesquelles il était fort savant, le grec, le latin, l'hébreu, et tout le cycle des connaissances jusqu'aux humanités ; parallèlement il lui donnait, « comme en se jouant, un premier goût des sciences célestes ». Il

---

1. Selon le calendrier Julien, alors en usage ; avec le calendrier grégorien, ce serait le 23 décembre.

2. Qui devint procureur au Parlement de Provence. Il écrivit des chansons provençales assez peu délicates, mais qui plurent beaucoup à ses contemporains.

avait commencé par faire un amusement de l'astrolabe qui servait à ses calculs les plus exacts.

Deux cercles placés l'un dans l'autre à angle droit représentaient, l'un l'écliptique, l'autre la colure des solstices sur lequel on marquait les pôles et l'équateur ; un troisième cercle tournait autour des pôles de l'écliptique sur deux cylindres qui y étaient fixés et permettaient de marquer les longitudes. Un quatrième cercle, placé au-dedans des trois autres, portait deux trous, qu'on employait à regarder la lune ou tout autre astre et à mesurer sa longitude et sa latitude. L'enfant riait d'y poser son œil grand ouvert sur le globe céleste qu'il voyait glisser et s'échapper de son instrument.

Souvent le vieillard et l'enfant traversaient, l'un auprès de l'autre, les rues de la petite ville provençale qu'ils habitaient, et les gens les saluaient en s'écartant respectueusement de leur passage. La barbe du vieux médecin s'agitait sur sa poitrine, secouée par ses paroles véhémentes ; son doigt se tendait vers le soleil énorme qui éblouissait le ciel ; le petit Michel, les paupières toutes plissées et le visage pourpre, écoutait son grand-père lui vanter l'heureuse influence de ce globe réchauffant.

Tout lui était prétexte à d'instructives réflexions, et c'était merveille de voir comme l'enfant ornait son esprit sans effort, en des discours familiers et souriants. Le petit Michel avait aussi maintes fois assisté à la préparation des baumes et des onguents du médecin, et il lui en était resté dans la tête plus d'une recette dont il avait pu constater l'efficacité.

Souvent, en effet, revenant du chevet d'un malade et rapportant la date et l'heure de sa naissance, le vieil astrologue, entouré de ses cercles de bois et de ses

astrolabes [1], se livrait à de savants calculs afin de
tirer l'horoscope du mourant ; quand la conjonction
des astres se révélait favorable, il sortait tous ses
pots et pilait ses pâtes ; il fallait aider l'heureuse
influence des globes célestes. D'autres fois, il hochait
la tête : la conjonction était maligne ; en dépit des
drogues, le malade mourrait.

A vivre ainsi auprès de son grand-père, le jouvenceau était déjà plein de science, et il suffisait de l'interroger pour que sa tête, telle la meule du moulin,
qui presse l'olive, laissât échapper comme une
huile embaumée, le trop plein de ses connaissances.
Il les portait allègrement, encore que la charge
en fût pesante, et sa belle mine montrait bien
avec quel art le bon grand-père lui avait orné l'esprit.
Il avait les joues vermeilles, les yeux brillants et un
corps robuste qui ne laissait point de place vide à la
robe dont il était vêtu, enfin un air de santé et de
joyeuse humeur propre à réjouir les plus moroses.
Le bon médecin astrologue avait bien travaillé. Il
pouvait monter se reposer dans la planète céleste
d'où l'on voit en détail le mécanisme compliqué qui
fait marcher le monde.

Quand le vieillard eut rendu l'âme, le petit Michel
Nostradamus retourna dans la maison de son père.

Elle était adossée aux murailles de la ville, non
loin de la vieille chapelle Saint-Pierre, devant laquelle,
pendant tant d'années les descendants d'Issachar
étaient passés d'un air fier et désinvolte, et où, main-

---

1. On appelait aussi astrolabe une sorte de planisphère que
Ptolémée avait employée, et où sont projetés les différents
cercles de la sphère.

tenant, ils entraient avec force génuflexions et signes de croix arrosés d'eau bénite.

La demeure du notaire située rue des Barri, montrait au-dessus de sa porte cette inscription : *Soli Deo.* Sur la façade d'une autre maison qu'il possédait à Mouriès, village peu éloigné de Saint-Remy, Jacques de Nostredame avait fait graver : *Soli soli soli* [1] que le passant pouvait traduire de diverses façons, selon le caprice de son humeur et de son esprit.

Saint-Remy était une aimable petite ville de Provence nichée au fond de la vallée du Glanum, et entourée des rocheuses Alpilles que le soleil découpait en arêtes vives et plaquait contre le bleu cru du ciel. Il rehaussait l'éclat des armes peintes aux trois portes de ses doubles remparts, d'or à quatre pals de gueules, au chef cousu d'azur, chargé de trois fleurs de lis d'or, et vêtait si bien ses habitants de belles teintes éclatantes, que tous ceux qui circulaient dans les rues avaient l'air de porter des robes neuves.

Proche la cité enfermée dans de hautes murailles, l'on trouvait les ruines d'un arc de triomphe et d'un mausolée romain dont le fronton montait se perdre dans le ciel. Les cigales chantaient ; les oliviers étaient poudrés d'argent ; la lumière avait un éclat incomparable. Le petit Michel Nostradamus en voyait-il l'éblouissante beauté ?

La nature ne le touchait guère ; il lui témoignait le double mépris de sa race et de son époque. Il avait

---

1. Cette inscription est attribuée à Michel Nostradamus lui-même.

(Sur une inscription liminaire attribuée à Nostradamus, par Léon Germain de Maidy).

en outre appris à ne considérer en elle qu'une combinaison de courbes, de parallèles, de cercles et d'ellipses qui amenaient d'autres combinaisons mathématiques. Mille questions lui venaient aux lèvres à la contempler, et il se sentait tout désorienté de n'avoir plus son vieux grand-père auprès de lui pour satisfaire à la curiosité de son esprit. Un sentiment de mélancolie l'emplissait; il se souvenait de leurs promenades et des explications du bon vieillard.

Cependant le défunt astrologue avait trouvé un remplaçant en la personne de l'autre grand-père, et l'enfant était passé d'une barbe blanche à une autre barbe blanche ; une autre voix cassée par l'âge résonnait maintenant à son oreille, un autre pas trébuchait à son côté ; le second vieillard avait les mêmes souvenirs que le premier ; lui aussi montrait de sa canne, les murs crénelés de la « Maison de la Cour » où jadis le roi René s'arrêtait quand il traversait Saint-Remy pour se rendre d'Aix à Tarascon ; un très beau parc y attenait, où l'on chassait le cerf. Le vieillard se souvenait que son illustre client faisait battre monnaie dans la grosse tour qui projetait son ombre gigantesque sur tout un quartier de la petite ville, et quand il cheminait dans l'aride campagne, sur la route d'Arles, où l'on trouvait le mausolée romain, il ne laissait pas d'en contempler les antiques sculptures et de rêver à des civilisations qui avaient fait l'objet de ses plus graves études.

C'était donc en l'écoutant disserter à la façon de Jean de Saint-Remy que le petit Michel Nostradamus s'en revenait dans la maison de son père. Ce qu'il y voyait était nouveau pour lui et le déconcertait. Il connut alors que tous les hommes ne vivent point dans la contemplation des astres, et dut en concevoir une vive surprise.

Le langage qu'il entendait le déroutait : il en trouvait les pensées vaines et légères, et s'étonnait que l'on pût faire l'occupation de toute sa vie de la vente de quelques arpents de terre et du contrat où les nouveaux époux marquent leurs biens. Il s'étonnait aussi de voir son père courir les rues et s'en revenir tout crotté, au lieu de s'absorber dans le silence de son cabinet, au milieu de livres et de cornues.

Certes, le notaire n'avait point la dignité du médecin astrologue. En ce temps-là, ceux de sa profession n'étaient pas ce que nous les voyons maintenant, de graves personnages entourés d'une armée de clercs, et pontifiant dans un bureau douillettement chauffé. On les trouvait, le cartable au côté, battant le pavé au milieu du petit peuple. La rue était leur étude ; ils tenaient du tabellion et de l'écrivain public ; postés à l'angle d'une maison ou dans la boutique de quelque marchand, ils traçaient une lettre pour celui-ci, dressaient un acte pour celui-là ; le voisin, un passant, le premier venu leur servait de témoin. Les vieilles minutes appellent ces actes *primum sumptum*. Rentrés chez eux, ils mettaient leurs notes en ordre et transcrivaient l'acte sur un extensoire ou, comme on disait aussi : « à l'étendu. »

Que pouvait faire Nostradamus dans la maison d'un notaire ? Il avait l'âge d'entreprendre ses humanités. Il fut résolu qu'il irait poursuivre ses études en Avignon.

*
* *

Ce fut d'un air assez chagrin que le bon notaire
le vit partir ; non point qu'il eût l'âme d'une sensibi-
lité si vive que de mettre son fils aîné à quelques lieues
de lui le portât à une tristesse immodérée ; mais
bien parce qu'il lui était arrivé, à peu de temps de là,
à lui et à tous ses frères convertis au catholicisme, une
aventure assez inattendue et assez désagréable.

Le roi Louis XII, n'ayant plus assez d'argent pour
continuer la guerre en Italie, leva, le 21 décembre 1512,
un impôt de cinq mille florins sur les nouveaux chrétiens de Provence. Gervais de Beaumont, président au
Parlement de Provence, chargé du soin de répartir la
taxe, fut assisté pour cela de douze des néophytes, qui
se virent à leur tour taxés par quatre autres personnes
« de la même nation ». Tous les anciens enfants d'Israël
qui avaient cru, par leur abjuration, assurer la tranquillité de leurs jours et la sécurité de leur bien, avaient
la mine longue en portant leurs sacs d'écus au collecteur
du roi, et les maisons de ces catholiques de fraîche
date devaient retentir de plus d'une imprécation
lancée d'une voix tout à la fois discrète et furieuse [1].

Mais les chagrins d'argent laissent la jeunesse fort
indifférente, et si l'aventure parut au notaire de mauvais goût, il y a tout lieu de penser que son fils en
éprouva, lui, peu de souci, et que ce fut sans même
en avoir conservé la mémoire qu'il entra dans Avignon.

L'ancienne ville des papes avait grand air, et il lui

---

1. Le nom de Nostradamus figure sur la liste des familles de
néophytes habitant Saint-Remy qui durent acquitter la taxe.

restait quelque chose des splendeurs pontificales autrefois déployées entre ses hautes murailles dont les crénelures découpaient de larges dents à la couleur violente du ciel. Si dédaigneux qu'il fût des contingences humaines, le petit Michel Nostradamus ne passa point devant son château sans lui accorder d'attention ; non que la forme du monument l'intéressât le moins du monde et qu'il y prêtât attention : mais parce qu'il avait été le théâtre d'un grand événement historique dont son jeune esprit entrevoyait confusément la singulière importance. Et, quittant le château des papes, ses regards s'étaient portés sur la cathédrale qui dominait la ville. Peut-être même Nostradamus en avait-il franchi le seuil, car ce nouveau chrétien dont les veines charriaient de si pur sang juif témoignait d'un goût tout particulier pour les églises et les offices qu'on y célèbre.

Ceux-ci devaient être nombreux, à en juger par les sonneries de cloches qui partaient de tous les quartiers de la ville pour appeler les dévots devant les autels. Les baptêmes, les mariages, les enterrements, agitaient les bras des bedeaux accrochés à leurs cordes. Tous ces bronzes menaient si grand tapage que les commères des rues devaient hausser le ton pour s'entendre les unes les autres. Elles n'y manquaient pas, et comme elles avaient la voix naturellement sonore, le bruit était grand. Pour vendre leur poisson, leurs pastèques ou leurs oranges, elles jetaient de longs cris stridents qui enfilaient les ruelles.

A tous instants, des disputes éclataient. La retentissante langue d'oc bondissait hors des gosiers où vibraient comme peau de tambourin les sèches cordes vocales. Le soleil, tout près des têtes qu'il échauffait, y ajoutait sa brutale turbulence ; il faisait éclater toutes les couleurs, miroiter les cloches bourdonnantes, il aveuglait le fleuve, taillait de grands pans d'ombre aux maisons, plongeait dans une nuit bleuâtre les ruelles étroites où il ne pouvait pénétrer, et qui exhalaient des souffles de cave. Ces ruelles formaient une sorte de labyrinthe grouillant au centre de la ville.

On y trouvait la rue où, disait-on, saint Agricol, au grand étonnement des Avignonnais, faisait jadis venir à volonté, puis congédiait, les cigognes ; la rue des Fourbisseurs ornée de sa miraculeuse Vierge peinte qui, un jour, avait saigné sous le soufflet d'un joueur ; la rue de la Tarasque avec son bas-relief où le monstre dévore un gentil chevalier dont on ne voit plus que les jambes ; la rue de la Bonneterie, célèbre par son égoût : une servante peu charitable, qui jetait le pain des pauvres aux chiens, y hurlait, changée en chien, pendant les nuits d'orage ; la rue Saint-Didier, où se dressait une croix surmontée d'un coq en pierre qui devait chanter à la fin du monde.

Et partout, des pénitents — bleus, rouges, gris, violets, blancs — se glissaient furtivement par la porte des couvents, cependant que les bons bourgeois, les gentils clercs et les nobles seigneurs se faufilaient par celle des bains publics et autres lieux de plaisir de la rue de la Madeleine couchée. Le vin du château des Papes, si riche de soleil, emplissait les verres des buveurs attablés aux Hostelleries du Coq, des Trois Testons, des Quatre Deniers, du Chapeau d'Or, des Deux-Faucons, du Sauvage, de la Lamproie. On entendait retentir sur les murs la pelote sifflante des jeux de paume ; de jeunes seigneurs s'exerçaient sur de beaux palefrois, dans les mails et les lices.

Tout cela faisait de l'ancienne cité des papes une ville fort plaisante à habiter pour un Méridional que le bruit et la turbulence n'effrayaient point. Mais la physionomie particulière d'Avignon provenait surtout de la présence du légat que le Saint-Siège y avait installé dès 1409. Ce légat faisait parader, dans les rues de la ville et sur ses promenades, de beaux soldats vêtus de sajos aux rayures bleues, rouges et orange qui étaient d'un effet fort magnifique sous le ciel éclatant de Provence. Il y avait aussi d'incessantes allées et venues de prélats qui traversaient Avignon dans toute la pompe de leur dignité, et y déployaient un grand luxe d'étoffes, de serviteurs et de chevaux. Chaque jour, des litières de pourpre à crépines d'or encombraient la largeur des ruelles, et il fallait s'aplatir dans le renfoncement des portes pour les laisser passer avec toute la livrée qui les accompagnait. Les mules secouaient leurs grelots. Les processions exposaient au grand jour brutal des places publiques leurs lourdes croix d'argent massif, leurs encensoirs, leurs flambeaux et leurs bannières brodées ; les soldats faisaient sonner leurs hallebardes sur les marches du palais que gravissaient les princes de l'Eglise, cependant que le soleil venait frapper les broderies d'or de leurs habits et rayonnait dans leur dos comme s'ils eussent été eux-mêmes de riches ciboires.

Ce tumulte de la ville avignonnaise, accru par la présence de tous les banqueroutiers et de tous les malfaiteurs du royaume, qui venaient chercher asile dans la libérale cité des papes, contrastait singulièrement avec la paix qui régnait dans l'esprit studieux de Michel Nostradamus. Tout entier absorbé par ses études, le jeune homme se souciait peu de la terre et de se vaine agitation. Aussi n'usait-il point des plaisirs que lui offrait la rue de la Madeleine couchée, où certains de ses petits compagnons ne laissaient pas de se glisser dès qu'ils en trouvaient l'occasion.

Les arts libéraux comprenaient alors la grammaire, la rhétorique et la philosophie, et Nostradamus en suivait très exactement les leçons. Les salles de cours se trouvaient sur la place des Etudes, et on le voyait s'y rendre bien sagement dès que la cloche de Saint-Didier en avait annoncé l'ouverture.

Quand les escholiers avaient subi avec succès leurs « actes solennels », un magnifique cortège les conduisait auprès de l'évêque chancelier, qui leur remettait les insignes de leur grade ; devant eux marchaient des musiciens et gambadaient des mimes qui lançaient au peuple leurs bruyants lazzi ; une suite nombreuse de docteurs et d'escholiers les accompagnait ; les uns étaient à pied, les autres montaient de beaux chevaux richement caparaçonnés. Le primicier [1] était précédé d'un massier qui portait la masse haute en signe de juridiction ; un détachement de la garde suisse du légat l'escortait. C'était une grande fête pour les Avignonnais que d'assister ainsi à la réception d'un docteur, et partout éclataient les applaudissements. Le soir, il y avait festin et réjouissances pour l'Université. Michel Nostradamus y pouvait contempler déjà la figure de ce qu'il serait bientôt, quand il aurait achevé

---

1. Le primicier venait d'obtenir du pape Léon X, par bulle du 13 février 1514, la juridiction privative sur tous les docteurs, étudiants et suppôts de l'Université. Dans le Conseil de Ville, il occupait une place distinguée, et l'on ne pouvait délibérer sur les affaires majeures qu'en sa présence et après qu'il avait donné son avis.

ses humanités et se préparerait à revêtir la robe et le bonnet du docteur.

Tout portait à croire que son intelligence lui fournirait les moyens d'y arriver promptement. Il avait un esprit qui sortait du commun ; ses professeurs s'émerveillaient qu'il sût tant de choses, et qu'il les sût si bien ; sa mémoire était prodigieuse : il récitait, paraît-il, des chapitres entiers qu'il n'avait lus qu'une fois, et n'oublia jamais rien de ce qu'il avait appris. Ce bagage scientifique, qui en eût assombri tant d'autres, n'altérait en rien une gaieté naturelle qui réjouissait fort ses petits camarades ; il était plein d'esprit, de tact, de pénétration, de finesse. Les phénomènes les plus inexplicables devenaient compréhensibles dès qu'il prenait la peine de les expliquer ; c'est ainsi qu'il sortait fréquemment ses jeunes amis d'embarras. Ce jouvenceau avait l'expérience d'un vieillard. Souvent il les entraînait, le soir, en quelque promenade instructive où il prenait occasion de montrer son savoir et de discourir d'une manière qui les remplissait d'admiration.

Il n'était point dissipé et vain comme on l'est ordinairement à son âge ; aussi dédaignait-il la tentation des maisons de plaisir et l'appel des femmes. Il leur préférait la vue de quelque beau phénomène naturel. Rien ne le réjouissait tant que d'avoir devant lui certains de ces libres espaces où l'on contemple la terre ou le ciel en toute leur étendue ; non qu'il fût sensible à leur beauté, si par beauté l'on entend harmonie de formes et couleurs flatteuses aux regards, mais parce qu'il fallait un champ très vaste à ses expériences. Ainsi, ce n'est que d'un ciel largement déployé devant soi que l'on voit tomber ces feux que

les philosophes appellent astres errants, et que ses
petits camarades prenaient pour des étoiles se déta-
chant du ciel. Nostradamus les détrompa : il leur
apprit que c'étaient des exhalaisons sulfureuses que
le vent allume comme il allume le charbon.

Il leur enseignait aussi que les nuées ne puisent pas dans
la mer, ainsi que le croit communément le vulgaire ignorant, mais qu'elles étaient formées d'un amas de vapeurs
que l'on voit s'élever de terre par les temps de brouillard.
Il leur disait encore une autre chose merveilleuse : que la
terre était ronde comme une boule, et que le soleil qu'ils
voyaient à l'horizon en éclairait l'autre hémisphère. Enfin,
il parlait, si souvent et avec tant de plaisir des météores
et des astres, qu'on l'appelait le jeune astrologue. [1]

Il témoignait, en effet, pour tout ce qui touchai
aux astres, d'un goût et d'une connaissance qui émer
veillaient ses maîtres, si bien qu'ayant achevé ses
humanités et sa rhétorique, et brillamment entrepris
sa philosophie, il se vit plusieurs fois chargé par le
professeur de prendre la parole à sa place, c'est-à-dire
de discourir de façon pertinente sur les mondes célestes,
dont l'étude rentrait alors dans ce qu'on appelait la
philosophie. Nostradamus monta donc en chaire,
et ce fut un spectacle assez curieux que de voir ce
jouvenceau aux fraîches joues vermeilles instruire
d'autres jouvenceaux, avec la sagesse et la gravité
d'un vieux professeur blanchi par les années, cependant que ses maîtres l'écoutaient bouche bée, et
apprenaient de lui ce qu'ils auraient dû lui apprendre.

---

1. *La Vie et le Testament de Michel Nostradamus*, par Chavigny.

Les plus savants astronomes de la ville étaient bien
obligés de reconnaître qu'il en savait plus long qu'eux
sur le mouvement des planètes et toutes autres choses
qui s'y rapportaient [1].

*
* *

Il s'imaginait en pouvoir contempler à loisir la
figure et les particularités, quand le notaire mit un
frein à son ardeur astrologique. Le siècle n'était pas
tendre pour tout ce qui avait quelque parenté avec
la sorcellerie, et le bonhomme, apparemment, se
souciait peu de voir son fils monter sur un bûcher,
ce qui eût fait tort tout ensemble à son cœur de père
et à sa réputation de notaire, car la malignité publique
a tôt fait d'étendre l'erreur d'un seul à tous les membres
de sa famille, et de les rendre responsables du même
crime.

Il le pria donc de laisser là ses lunettes pour s'engager
dans une voie où il n'aurait pu, certes, se passer de
connaissances astrologiques, mais où celles-ci, ayant
pour fin la conservation de la vie humaine, ne sauraient
être suspectes aux gens d'Eglise, c'est-à-dire de faire
tout ce qu'il fallait pour devenir médecin et, si possible, bon médecin, car on n'en avait jamais vu que
de tels dans la famille. Pour cela, le jeune Nostradamus

---

1. *La Vie et le Testament de Michel Nostradamus*, par Chavigny.

Cet auteur assure que Nostradamus instruisait ses condisciples « sur les mouvements des planètes et les révolutions
annuelles de la terre autour du soleil ». Si ce fait est exact,
Nostradamus aurait été un précurseur.

devait se rendre à Montpellier, car la médecine était
peu enseignée à Avignon où, seule, l'Ecole de Droit
se montrait florissante. Il quitta donc la ville des
papes pour séjourner dans celle des escholiers.

Ceux-ci ne laissaient pas d'être fort turbulents, et
les consuls en robe rouge et chaperon noir qui gouvernaient la cité avaient fort à faire pour réprimer
leur folie et préserver les bourgeois de leurs mauvais
tours. Les étudiants se sentaient d'autant mieux en
humeur d'en jouer aux Montpelliérains, que leur état
d'aspirants docteurs les assurait d'une impunité
relative, ce qu'apprit Nostradamus dès qu'il eut mis
le pied dans l'École.

En effet, à peine y fut-il entré, qu'il fut examiné
par un professeur auquel il dut présenter ses lettres
de maître ès-arts et les attestations de ses cours de
philosophie ; sur quoi le chancelier l'immatricula.
A partir de ce moment, il faisait partie de l'Université, qui le prenait sous sa protection ; il était donc en
mesure de jouir du privilège de scolarité, et participait
par ce moyen à tous les droits des habitants de la
cité ; il n'en conçut tout d'abord qu'une médiocre
satisfaction ; mais un étudiant expérimenté et com-
plaisant lui vint expliquer les précieux avantages
qu'il en pourrait tirer : il lui serait désormais loisible
de faire des dettes sans que les juges eussent le droit
d'ordonner contre lui la contraite par corps. Cependant
dant qu'il l'instruisait de cette plaisante et aimable
faveur, les yeux de l'étudiant brillaient de convoitise,
prouvant à quel point il avait dû, pour lui-même,
user du privilège ; et il s'était gaussé de la ville si
fière d'être une ville d'arrêt, où les juges avaient
accoutumé de faire mettre les étrangers en prison sur

la simple réquisition d'un habitant lésé dans ses intérêts : toutes leurs foudres tombaient avec leur privilège devant un simple escholier !

Les élèves de l'Université jouissaient aussi de deux autres faveurs : ils étaient exempts de tous droits d'entrée, d'aide et d'équivalent, et autres pareils impôts. Ils avaient leurs causes commises en première instance au Sénéchal, et ils ne pouvaient être cités devant les juges ordinaires [1].

L'étudiant parlait ainsi, quand une cloche le vint arrêter dans ses explications : elle annonçait un cours. Les deux jeunes gens n'eurent que le temps de prendre leurs tablettes et leurs écritoires, et de courir à la salle où il se donnait.

Nostradamus alors, s'étant assis au banc des écoliers, fut étonné d'y voir des gens qui n'avaient rien à faire avec la médecine et qui venaient là pour le seul plaisir d'entendre disputer sur la matière intime du corps humain, ses humeurs et son économie. L'on y trouvait aussi de graves docteurs accourus de fort loin à seule fin de se perfectionner aux cours de cette Université fameuse.

Quand la leçon fut terminée, les nouveaux condisciples de Nostradamus, auxquels ce dernier avait dû payer, selon l'usage, la bienvenue en quelques tavernes renommées, l'entraînèrent par la ville pour le mener souper et probablement loger chez le professeur avec lequel ils vivaient [2]. Nostradamus ne laissa pas d'évo-

---

1. Mémoires pour servir à l'histoire de la Faculté de Médecine de Montpellier, par Jean Astruc — 1767.

2. Les professeurs et les élèves de la Faculté de Médecine logeaient le plus souvent dans la même maison et mangeaient

quer le souvenir d'Avignon en se retrouvant dans un dédale de rues noires et tortueuses, où ses pieds enfoncèrent dans des matières visqueuses qui étaient des ordures ménagères en putréfaction agglutinées à de la boue et autres immondices, et ce fut en glissant et se retenant l'un l'autre qu'ils marchèrent vers le logis du professeur, par une nuit fort sombre. De tous côtés on entendait fermer les boutiques et tourner des clefs dans les serrures. Alors les étudiants se mettaient à rire silencieusement.

Ce pauvre bourgeois de Montpellier ! certes, il ne devait point atteindre un grand âge ! Sa vie se passait à trembler. Il lui fallait tout ensemble veiller sur ses marchandises et sur son épouse. Quand il vendait quelque bel objet de sa montre, il se disait : « L'on ne me paiera point ! » et quand il prenait femme : « On me la volera ! » Pour peu que celle-ci fût gentille et coquette, tous les suppôts d'Université menaient un train de damnés autour de sa boutique ! Sa vie devenait un cauchemar. Et il n'avait même pas la ressource de se plaindre aux professeurs, car ceux-ci, fort souvent, se mêlaient à leurs élèves et se montraient les plus turbulents.

Tout cela réjouissait fort les étudiants, qui semblaient penser que Nostradamus se livrerait bientôt aux mêmes ébats. Cependant qu'ils passaient en devisant joyeusement entre eux, les Montpelliérains continuaient de se barricader dans leurs maisons. Les jeunes gens entendaient les lourdes barres de fer

---

à la même table. Les maîtres prenaient part aux jeux et même aux désordres de leurs élèves.

Les Médecins, par Franklin.

etomber pesamment derrière les volets et les chaînes
sonner contre le bois des portes. Parfois, à la lueur
fumeuse d'une chandelle, ils entrevoyaient un bourgeois dont le chef était couvert d'une calotte de soie,
et qui se tenait penché sur les marchandises entassées
tout autour de lui, jusqu'aux poutres du plafond. Le
marchand de Montpellier était riche ; il vendait
beaucoup d'étoffes, des épices fines que lui apportaient
des voiliers chargés de noix d'Inde, de singes et de
perroquets, et les docteurs faisaient chez lui grande
dépense de robes, de bonnets et de fourrures. Il était
aussi d'un caractère facilement belliqueux. Les étudiants en informèrent Nostradamus, afin qu'il se tînt
sur ses gardes quand il se sentirait en humeur d'exercer sur lui la malignité de son esprit. A maintes re-
prises, les bonnes gens de la ville avaient donné des
marques d'un humeur irascible et peu endurante.
C'était ainsi que, lors de l'administration criminelle
du duc d'Anjou, frère de Charles V, ils s'étaient
révoltés avec une fureur terrible, égorgeant et jetant
aux puits les commissaire royaux ; certains, dans
l'excès de leur indignation, étaient allés jusqu'à
manger « comme bêtes féroces, les chairs baptisées ».

La voix des étudiants résonnait dans les ruelles. On
entendait gémir au lointain de la ville des chaînes de
pont-levis mal graissées. Les « ouvriers de la commune
clôture », chargés de veiller à l'entretien des murs et
des fossés, faisaient fermer les portes de la cité opu-
lente et riche qui traitait avec Arles, Montélimar,
Avignon et avait prêté de l'argent au roi de Sicile
et au pape Clément IV.

Les étudiants trouvèrent le professeur réjoui et la
table couverte de plats. Nostradamus arrivait à point :

des élèves venaient, selon l'usage, d'envoyer à leur maître du vin et deux bourses pleines, accompagnées « de corbeilles remplies d'épices, de sucre, de poivre, de cannelle, de muscade, de mastic et de girofles. » Le médecin, débarrassé de sa robe de brunette violette, qui s'étalait sur un coffre, y plongeait le nez d'un air friand, car c'étaient là des condiments rares et coûteux, que les épiciers faisaient venir des Iles pour relever les ragoûts des honnêtes gens.

Ainsi, la vie d'étudiant ménageait de bonnes surprises à ceux qui la menaient, et la ville bourdonnait de la turbulence de tous ces suppôts d'Université qui encombraient les boutiques, lorgnaient les marchandes, ripaillaient aux tavernes en compagnie de leurs professeurs, et souvent bousculaient quelque petite bourgeoise ou quelque grasse fille d'auberge.

Mais ils n'étaient pas unis que dans le plaisir. L'Université voulait qu'ils le fussent dans toutes les occasions. Elèves et professeurs devaient se trouver réunis chaque dimanche, depuis la Saint-Luc jusqu'à Pâques, à la messe que la Faculté avait fondée dans l'église de Saint-Mathieu [1], et assister en corps de Faculté à la messe solennelle du jour de la Saint-Luc.

Quand l'un d'entre eux mourait, on les voyait tous derrière le cercueil, et les bourgeois, sur le pas des portes, regardaient d'un air goguenard ces turbulents personnages. que la mort faisait marcher bien sages dans les rues.

Mais bientôt les escholiers prenaient leur revanche. Tous les ans, en effet, ils élisaient un « abbé » qui

---

1. Ordonné par les statuts de 1340 sous des peines pécuniaires.

ressemblait singulièrement au roi de la Basoche, et le promenaient solennellement par toute la ville en agitant les arquebuses, les pics et les cannes dont ils étaient armés [1]. Ce jour-là, le bon bourgeois de Montpellier n'avait qu'à se bien enfermer chez soi, et qu'à veiller attentivement sur sa vertueuse épouse.

Au sein de cette jeunesse folle qui jetait sa gourme, il se trouvait des esprits réfléchis, des hommes graves hantés par le pressentiment de vérités qu'ils ne parvenaient point à dégager entièrement de leur gaîne d'erreurs. Leurs jours s'épuisaient en recherches, et c'était une bizarre fermentation de cervelles que cette Université de Montpellier, alors la première de France, peut-être la première d'Europe, d'où jaillissaient les lumières sur quoi se réglaient les médecins soucieux de guérir leurs malades.

Ces professeurs d'une si grande réputation étaient tout à la fois médecins, astrologues, alchimistes, et certains se donnaient pour des mages. La cabale entrait dans leurs traitements les plus fameux.

Et pourtant, bien avant Paris, Montpellier avait pu se livrer à des études concrètes et disséquer des cadavres. Dès 1376, le duc d'Anjou avait autorisé l'Université à réclamer chaque année le corps d'un supplicié.

---

1. Ils élisaient primitivement un « Roi » et se livraient à cette occasion aux pires débauches. Les statuts de 1340 ayant interdit le « Roi », ils nommaient un « abbé » qui ressemblait étrangement à l'ancien roi.

Le 25 mai 1527, l'assemblée des professeurs ayant interdit l'abbé, les escholiers nommèrent un « procureur » et continuèrent leurs excès jusqu'en 1550, où toute manifestation de ce genre fut définitivement interdite.

Un seul mort pour toute une année, le régime assurément était maigre ; aussi le condamné annuel était-il attendu avec la plus vive impatience, et les bons professeurs durent, plus d'une fois, se battre à coups de scalpel autour de l'unique pièce anatomique qui s'allait décomposer et dissoudre sans avoir livré son secret.

Telle fut la vie de Nostradamus pendant trois ans, vie d'étude qui se souciait peu du tumulte environnant, et peut-être même ne l'entendait pas, tant l'esprit de l'étudiant était absorbé par les sciences dont il s'emplissait. Puis il lui fallut se préparer pour son acte de baccalauréat, et pendant trois mois Nostradamus n'eut plus un instant de répit.

La nuit qui en précéda les « débats » fut assez agitée ; ils étaient ainsi plusieurs candidats fort inquiets de savoir sur quel point les professeurs les interrogeraient, ce qui, jusqu'au moment de l'examen, demeurait un mystère. Le président alors choisissait le sujet de la dispute, qui roulait, à sa guise, sur la description d'une maladie ou une question de physiologie.

Ce fut donc la mine un peu défaite et les joues moins vermeilles que Nostradamus qui, tout une nuit durant, avait cherché ses points faibles afin de tâcher à les renforcer de connaissances nouvelles, se présenta devant ses examinateurs. La Faculté siégeait en grand appareil de fourrures et de bonnets carrés, et, si hardi que l'on fût, il était impossible de soutenir sans trouble le regard sévère de ces hommes inondés des lumières de la science.

Ainsi parés en grande cérémonie, et l'esprit plein des questions insidieuses dont ils s'apprêtaient à embarrasser le candidat, ils avaient un air tout à la fois satanique et majestueux qui faisait glisser un petit frisson sous les robes des escholiers.

De huit heures du matin à midi, Nostradamus fut interrogé ; les professeurs ne lui laissèrent pas un instant de répit ; ils lui posaient les plus malignes questions ; à peine avait-il répondu à l'un, qu'il lui fallait se retourner vers un autre ; ils s'échauffaient à la dispute ; leurs yeux brillaient, et ils déployaient une incroyable ingéniosité à rassembler les plus troublantes et les plus traîtresses des questions ; ils étaient pleins de subtilités, d'objections et de ruses.

Mais Nostradamus les déjoua toutes, nous disent ses biographes ; aucune ne le trouva sans réplique, et ce fut une belle dispute que celle qui mit aux prises ces doctes Universitaires et ce jouvenceau dont la répartie laissait quelquefois les professeurs tout décontenancés. Il faisait fondre comme neige, au feu de sa riposte, les dernières de leurs objections, quand il fut autorisé à s'interrompre pour troquer la robe ordinaire dont il était vêtu contre une de drap rouge avec de larges manches, un grand rochet et un petit capuchon, qui le fit assez ressembler aux graves docteurs assis devant lui et constituait l'insigne de sa réception au nouveau grade.

Les oreilles lui bourdonnaient encore de toutes les questions entendues qu'il lui fallut faire des cours publics sur le traité de médecine assigné par le Doyen. Pendant trois mois on le vit, toujours vêtu de rouge, et surveillé par quelques professeurs, instruire la jeunesse assise sur les bancs où lui-même avait usé plus d'une robe. Les trois mois expirés, il fut admis à passer, en vue de sa licence, les quatre examens dits « per intentionem » ; ces actes se faisaient de deux en deux jours, et chacun d'eux durait au moins une heure.

Quatre professeurs différents l'interrogèrent sur quatre maladies. Il avait eu chaque fois une nuit pour rédiger une thèse et se préparer à répondre aux questions qui lui seraient posées.

Huit jours après, il « prit matière pour les points rigoureux ». Il se rendit à cet effet chez le chancelier, où il « piqua » dans un grand livre, afin de tenir du sort la cinquième maladie sur laquelle il allait lui falloir discourir d'une manière propre à montrer qu'elle ne le prendrait pas au dépourvu quand il la rencontrerait dans le corps de quelque malade, et qu'il saurait y porter promptement remède ; puis, de là, il s'en fut chez le Doyen afin de demander à un second livre sur quel aphorisme d'Hippocrate il allait devoir dépenser les grâces et les subtilités de son esprit.

Il avait jusqu'au lendemain pour se préparer à s'en tirer avec honneur.

Ce fut dans l'église de Notre-Dame-des-Tables, à la chapelle de Saint-Michel, qu'il passa cet examen. De midi à quatre heures, il demeura enfermé avec les professeurs, qui, de nouveau, tentèrent vainement de le troubler ; sur quoi il s'en alla, dans la huitaine, recevoir sa licence des mains de l'évêque de Montpellier, lequel, assisté de deux professeurs, la lui donna « in aula episcopali », c'est-à-dire dans une salle du palais que l'évêque de Maguelone avait dans la « part antique de Montpellier » dont il était seigneur.

Nostradamus sortait à peine de toutes ces disputes, quand un événement funeste vint interrompre le cours de ses études : la peste.

CHAPITRE II

LA PESTE VAINCUE

La peste ! le nom seul épouvantait, et l'on voyait pâlir les plus braves, rien qu'à l'entendre prononcer.

Elle avait été le grand fléau du moyen âge ; elle ne devait pas davantage épargner la Renaissance. Pourquoi, d'ailleurs, eût-elle disparu de France ? On lui ménageait de si bonnes retraites, on lui fournissait de si bons moyens de se propager et de se renouveler ! Les rues étaient encombrées d'immondices qui pourrissaient en tas ou se liquéfiaient, embourbant jusqu'au mollet les pieds qui s'y aventuraient ; les égoûts engorgés exhalaient des souffles puants ; et la médecine, encore qu'elle en fît l'objet de ses plus constantes recherches, n'avait guère trouvé autre chose pour en dompter la furie et en conjurer l'enragement que de lui jeter de l'eau bénite en prononçant de certaines paroles.

Mais ce qui contribuait plus que toute autre chose à la répandre, c'était« la terreur folle d'un mal réputé implacable, tour à tour considéré comme une punition du ciel ou une émanation de l'enfer [1]. »

1. Meige — Archives de la Médecine — 1897.

Galien assimilait la peste à « une beste sauvage », et Ambroise Paré, le chirurgien de Charles IX, devait dire bientôt :

Peste est une maladie venant de l'ire de Dieu, tempestative, hastive, monstrueuse et épouvantable, contagieuse, terrible beste sauvage, farouche et fort cruelle, ennemie mortelle de la vie des hommes et de plusieurs bestes, plantes et arbres.

Nostradamus avait eu maintes fois l'occasion de constater cette épouvante qu'en avaient les gens, lorsqu'il accompagnait son maître dans les visites qu'il rendait à ses clients. Il était d'usage, en effet, que les jeunes étudiants s'instruisissent des façons des professeurs en les regardant opérer sur le malade, et celui qui appelait un médecin à son chevet en voyait accourir une demi-douzaine auxquels il lui fallait abandonner sa personne, et qui le palpaient, le faisaient tousser, moucher, cracher, cependant que le professeur prenait occasion de sa maladie pour se livrer à quelque belle dissertation où le patient entendait fort souvent présager sa fin et détailler, en toutes leurs parties, les souffrances cruelles qu'il allait avoir à endurer.

La maladie est toujours un accident fort déplaisant à qui la subit ; mais, au seizième siècle, il fallait vraiment se sentir à toute extrémité pour oser avouer qu'on en était atteint et se mettre entre les draps. À la moindre nausée, au plus petit bouton, les gens étaient tenus pour suspects, et tous leurs parents s'écartaient d'eux ; on ne les approchait plus qu'en tremblant. Nostradamus trouva plus d'un malheureux qui appelait vainement pour qu'on lui donnât à boire et croupissait dans une ordure dont on se souciait peu de le débarrasser.

Au premier cas de peste signalé aux alentours, on vit la ville plongée dans la consternation. Tous les astrologues coururent à leurs lunettes : l'état du ciel acheva de les effrayer et de les convaincre que Montpellier n'échapperait pas au fléau ; ils observaient des halos autour du soleil, et s'épouvantaient de remarquer que cet astre n'avait plus autant d'éclat. Tout annonçait des malheurs prochains. Ne voyait-on pas, en effet, rouler des globes de feu dans la nue, cependant que des comètes dont la queue était tournée vers l'Orient traînaient avec elles des rayons en forme de glaive, qui étaient la figure même de ce qui s'allait abattre sur les humains pour les transpercer de part en part et leur arracher la vie ? Ils tiraient les plus lugubres pronostics de la « conjonction pestifère et ruineuse » des astres et de « l'aspect malin des étoiles ». Leurs mines graves achevaient d'épouvanter les gens. Le peuple se portait aux églises ; tous les bras se tendaient vers les statues ; les cierges brûlaient en si grand nombre que les yeux n'en pouvaient soutenir l'éclat. Des familles entières prenaient la route d'Arles afin d'y aller se prosterner devant une relique de saint Roch ; on priait aussi avec ardeur saint Charles Borromée, qui s'était montré fort efficace pendant la peste de Milan.

Certains voulaient que l'on fît comme en 1384 et 1397, où, le fléau ayant sévi dans les trois sénéchaussées de Toulouse, Carcassonne et Beaucaire, les consuls avaient voté la confection d'un cierge de cire assez long pour entourer la ville et les remparts ; les oboles des pieuses personnes avaient servi à payer le cirier chargé du soin de le façonner, et la Vierge n'avait pu ignorer la supplication des Provençaux, que portait jusqu'à elle ce long cierge, nuit et jour allumé devant l'autel de Notre-Dame-de Toulon.

Les querelles religieuses ajoutaient à la confusion des esprits. Le Pape avait déclaré les protestants hérétiques. Les uns disaient que Dieu allait punir les hommes qui abandonnaient sa religion ; les autres, qu'Il s'apprêtait à leur faire expier les débauches et les blasphèmes d'un clergé corrompu. Déjà on se reprochait mutuellement un mal qui n'était pas encore dans la ville ; mais il la cernait, et l'on savait bien qu'il ne tarderait pas d'y entrer. Les nouvelles les plus sinistres étaient apportées ; la bête noire faisait rage aux alentours ; le nombre des victimes dont on l'accusait dépassait l'imagination.

Toute l'Université était sur les dents ; tous les médecins astrologues se plongeaient dans les plus profonds calculs afin de produire clairement au jour, suivant les règles et principes de l'astrologie et des sciences surnaturelles, les causes de cette pestilence dont l'air était infecté.

Ils pensaient communément « que les astres, aidés des secours de la nature, s'efforcent, par leur céleste puissance, de protéger la race humaine et, de concert avec le soleil, de percer par la force du feu l'épaisseur des nuages »[1] afin de la guérir de ses maux.

La peste, pour les médecins les plus réputés, tels que Guy de Chauliac, archiâtre du pape Clément VI, était due à « une conjonction des trois planètes Saturne, Jupiter et Mars, qui avait eu lieu le 25 mars 1345 au

---

1. Ozanam — *Histoire médicale des maladies épidémiques*, IV.

quatorzième degré du Verseau, époque à laquelle on avait vu apparaître la maladie en Orient ». Et là-dessus, ils lançaient des ordonnances, en annonçant aux gens une mort inévitable s'ils ne les suivaient pas, « à moins que la grâce du Christ ne leur envoyât la vie de quelque autre manière ».

Le premier cas de peste signalé à l'intérieur des murs de la ville acheva d'en plonger les habitants dans une sorte de désespoir proche de la démence. Des femmes passaient, la tête basse, l'air abattues, en égrenant un chapelet qui leur pendait d'entre les doigts ; puis, tout à coup, s'arrêtant dans leurs oraisons, elles faisaient retentir l'air de hurlements affreux qui terrorisaient le quartier. Les marchands, mornes et silencieux au fond des boutiques, ne vantaient plus leurs étalages ; ils avaient perdu toute assurance, et songeaient plus à inspecter la mine du client qui entrait chez eux qu'à se hâter de le servir ; tous les gens mâchaient de l'ail avec furie et s'empestaient les uns les autres, cependant que leurs yeux pleuraient à la brûlure qu'ils en ressentaient ; beaucoup montraient le ciel d'un air épouvanté. Ils y voyaient des figures sinistres et des mains armées de glaives dont elles menaçaient la ville. Les médecins ajoutaient encore à la terreur générale par l'étrange appareil dont ils s'affublaient pour se rendre auprès des malades ; tout en eux suait la peur : ils portaient sur la peau une chemise trempée dans des sucs, des huiles et sept poudres différentes, et par-dessus, un gros habit de maroquin qui ne laissait point passer le mauvais air ; ils avaient, en outre, une gousse d'ail dans la bouche, de l'éponge dans le nez et des besicles sur les yeux.

Des femmes, en les apercevant, tombaient sans connaissance ; quand elles revenaient à la vie, c'était pour entendre retentir la sonnette du tombereau qui transportait les cadavres ; alors elles en éprouvaient un si grand saisissement qu'on les voyait s'abattre mortes sur le pavé de la rue ou le carreau de leur chambre. Les plus grandes dames s'évanouissaient entre les bras de leurs servantes quand sonnait la cloche des églises où s'assemblait le peuple pour demander à Dieu de vaincre le fléau ; d'autres, sans apparence d'aucun mal, se jetaient dans leur puits, dans le feu, dans la rivière ; il y en avait qui se précipitaient par les fenêtres de leur chambre sur le pavé de la rue, ou se frappaient la tête contre les murs jusqu'à en faire jaillir la cervelle. Pendant ces épidémies de peste, si fréquentes au moyen-âge et au cours de la Renaissance, il semblait qu'un vent de folie soufflait sur les populations, et d'étranges cas de démence se déclaraient [1]. Dans certaines villes, des «semeurs de peste », penchés sur les cadavres amoncelés dans les rues, récoltaient le pus de leurs ulcères, où ils trempaient des linges qu'ils plaçaient dans les lieux fréquentés. Ils essayaient de s'introduire dans

---

1. La peur fut le principal facteur de la peste, bien au-delà du xvie siècle ; l'anecdote suivante en est une preuve :

Pendant la guerre de Sept Ans, la peste ravageait et anéantissait l'armée prussienne et l'armée moscovite. Le général russe proclama :

« Au nom de l'Empereur, la peur étant la mère de la peste, « il est défendu à ses enfants de l'avoir sous peine d'être enterrés « vifs. »

Le fléau disparut.

(*Mœurs intimes du Passé* — Dr Cabanès — v[e] série).

les maisons pour en souiller les tables, les sièges, les
gobelets où les lèvres s'allaient poser, les draps où
les corps, le soir venu, se prélasseraient, tous les objets
enfin qui avaient un contact intime avec la peau de
l'homme et l'infecteraient le plus sûrement. Quand
ils n'y pouvaient parvenir, ils frottaient les serrures
des portes avec des substances empoisonnées ; des
bandes d' « engraisseurs » les avaient préparées en
faisant sécher au feu les emplâtres d'ulcères pesteux
qu'ils broyaient et mélangeaient à des racines d'eu-
phorbe [1]. C'étaient des êtres hideux, tout maculés
de la bave des mourants dont ils venaient voler le pus.
Leurs yeux hagards leur sortaient de la tête, et ils
se trémoussaient d'aise à voir le funèbre tombereau
passer et repasser dans les rues, toujours si plein de
cadavres qu'il en laissait choir plusieurs sur les pavés
avant de les verser au charnier. Mais les « enterreurs
de pestiférés » n'avaient garde d'arrêter leur voiture
pour les ramasser : il leur fallait au plus vite se débarrasser du tas de chair corrompue qu'ils traînaient par
la ville au son de la cloche lugubre, et où se trouvaient
ensevelis des passants qui n'étaient qu'évanouis.

Alors, quand on les jetait au trou nauséabond du
charnier, plus d'une paupière se relevait sur un œil
hagard, bientôt bouché par la pelle du fossoyeur, et
la bouche qui voulait crier mangeait la terre de son
trou ou s'écrasait contre l'ulcère purulent d'un cadavre;
un corps remuait faiblement sous un amas de chairs
mortes, et l'homme qui n'avait eu qu'une colique
revenait à lui dans la fosse du cimetière.

---

1. En 1530 et en 1545, on arrêta et on condamna, à Genève,
une bande d' « engraisseurs ».

Les médecins et leurs élèves couraient de chevet en chevet. Empêtrés dans leurs gros vêtements de cuir, le nez bouché par le morceau de coton et la langue cuite au feu de l'ail, ils approchaient des malades en tremblant [1]. Certaines personnes, néanmoins, les traitant de « cureurs », disaient qu'ils étaient bien aises de voir la fièvre pestilentielle se propager, et les accusaient de l'aider à se répandre par la ville pour en tirer des bénéfices.

C'est avec la plus vive curiosité que Nostradamus avait regardé ses bons maîtres soigner les premiers cas de peste, et qu'il les avait vus se mesurer avec cette bête furieuse et « tempestative », qui ne lâchait pas aisément sa proie. Certes, à les contempler maintenant, dans leur grotesque costume, ces graves professeurs avaient moins de noblesse et d'assurance qu'au temps où, bellement vêtus de leurs amples robes de brunette et douillettement fourrés d'hermine, ils l'accablaient de leurs questions insidieuses et subtiles. Et tous ces beaux discours avaient fondu comme beurre au souffle embrasé de la bête noire. De tant de termes savants, de dissertations, d'arguments et d'arguties, maintenant que l'ennemi était dans la place, il ne sortait plus que quelques gestes vains, que Nostradamus jugeait fort incapables de juguler le fléau.

Il fut bientôt las d'ordonner, sous l'œil de ses maîtres, des fumigations faites avec des bois secs et odorifé-

_____

1. Au xvie siècle, « à Lyon, lorsqu'on apercevait seulement ès rues les médecins, chirurgiens et barbiers esleus pour panser les malades, chascun courait après eux à coups de pierres pour les tuer, comme chiens enragés, criant qu'ils ne devoyent aller que de nuict. »

rants, tels que le genévrier, le frêne ou l'aloès et, quand le malade était riche, de l'ambre et du musc qui dissipaient la puanteur de sa chambre. Certes, il ne niait point qu'il importait de purifier l'air ; il était même tout à fait persuadé que le principal était justement d'en tuer la pestilence ; mais il ne pensait pas qu'on le pût faire avec du musc et de l'aloès, et qu'il suffît d'arroser les maisons d'eau de rose additionnée de vinaigre pour que la peste perdît son venin. Les prières, les processions, les représentations de mystères qui tenaient alors une si grande place dans les ordonnances de ses futurs confrères lui semblaient assurément indispensables, car rien n'arrive sans la volonté de Dieu, mais il ne croyait pas que le médecin eût le droit de s'en reposer sur Lui du soin de guérir les créatures humaines, puisque justement son état veut qu'il soit sur terre pour aider le Tout-Puissant en cette tâche et le dispenser d'intervenir directement. Aussi avait-il le cœur lourd de tous ces gens qu'il voyait mourir, alors qu'il sentait qu'on aurait pu les sauver. Il éprouvait l'impérieux désir de s'éloigner des maîtres, des chirurgiens et des barbiers qui tournaient autour des malades et lui en masquaient la vue ; il souhaitait se retrouver seul en face de cette redoutable peste qui ne lui inspirait point de peur ; il voulait pouvoir se pencher à loisir sur ses victimes, suivre sur leurs traits révulsés la marche de la maladie, inspecter leur mine, examiner leur salive, épier les sursauts de leur agonie, afin d'apporter bientôt un remède où jusqu'alors on n'avait usé que de pratiques vaines et empiriques.

La campagne appelait les médecins à son aide ; il quitta Montpellier et s'en fut vers elle.

*
* *

Le voici sur la grand'route ; il se dirige du côté de de la Garonne ; il a franchi le pont-levis ; un fossé profond et de hautes murailles le séparent de cette ville damnée où il n'y a plus que des cadavres dans les rues, des mourants dans les lits, des fous furieux partout, des femmes hurlantes, des fossoyeurs, des barbiers avec des bassins pleins de déjections, et des médecins vêtus comme pour une mascarade. Ses poumons s'emplissent de l'air rustique et pur qui balaie les miasmes respirés dans les chambres puantes des malades. Mais cet air lui-même est empoisonné : il charrie la fièvre maligne que la funeste conjonction des astres a répandue sur la Provence.

Comme une bête enragée, la peste suit le cours des rivières, et Nostradamus va la chercher là où il sait la trouver, car il entend bien se colleter avec elle, mais cette fois seul à seul, libre de ses actes, et n'en devant rendre compte à personne.

Pendant quatre ans, il vivra au milieu des pestiférés, comme un damné dans un enfer. Pendant quatre ans, il ne verra plus d'autres faces que celles où la mort est écrite, il ne touchera plus d'autres chairs que des chairs avariées, ne recevra plus au visage que des souffles corrompus et des hoquets convulsifs, n'entendra plus que des paroles désespérées et des cris de douleur, n'aura plus devant les yeux que des objets ou funèbres ou répugnants, des linceuls, des civières, des bassins, des emplâtres, des linges maculés.

Mais il ne semble pas accessible au dégoût, et il

paraît ignorer la terreur que la vue d'un mal aussi
affreux inspire à la plupart des hommes. On dirait
qu'il sait que son corps n'en peut être affecté. Il
marche d'un pas égal ; le matin, il est entré dans
quelque église, il a pieusement entendu la messe, et
maintenant il s'en va à la recherche des pestiférés. Ils
ne sont jamais loin. Le premier hameau venu lui fera
entendre le gémissement de misérables grelottants de
fièvre sur des grabats infects, il en trouvera de tombés
sur des lits d'ordures, d'autres se tordront de douleur
en hurlant au seuil des églises. Ceux-là seuls l'intéres-
sent, et il se soucie peu des gens bien portants qui sont
demeurés dans la plénitude de leurs formes et la
fraîcheur de leur sang.

Entre temps, il herborise, car il n'ignore point que
c'est dans la nature elle-même qu'il faut chercher
un remède à tous les maux ; puis, le soir venu, à la
lueur d'une chandelle fumeuse, triture, en quelque
chambre de hasard, des pâtes et des onguents dont
la préparation lui prend souvent une grande partie de
ses nuits.

Sa chasse à la peste le fait parfois entrer en quelque
ville : c'est ainsi qu'elle l'amène à Narbonne.

Après avoir franchi le redoutable hérissement de
tours et de créneaux dont Charlemagne a entouré la
cité pour en faire une place forte armée contre les
Sarrasins, Nostradamus se retrouve au milieu d'une
population où les Juifs pullulent ; ils viennent là
suivre des cours aux écoles de talmudistes et d'alchimistes célèbres, et Nostradamus ne doit pas laisser
de s'instruire, lui aussi, des pratiques de ces derniers,
car il a pour habitude de ne négliger aucune occasion
de grossir le bagage de ses connaissances en tout ce

qui touche à son art, et nous avons vu que l'alchimie y tient une large place.

Bientôt son ennemie la peste, qu'il poursuit, est à Carcassonne ; il y entre donc à sa suite. Mais ses recherches s'étendent au-delà de la guérison du terrible fléau : il se montre fort occupé d'une certaine pommade qu'il vient de composer et dont les vertus l'enchantent. En vérité, c'est quelque chose de fort merveilleux, qu'il appelle lui-même

une très souveraine et très utile composition pour la santé du corps humain, laquelle est de très grande vertu et efficace.

Mais écoutez-le plutôt nous en vanter les mérites divers et nombreux :

Et je vous veux ici inscrire la composition que souvent ai fait faire pour Monseigneur le Révérendissime Evesque de Carcassonne, Monseigneur Ammanien de Fays, de laquelle il se sent la vie au corps : et pour ce que l'âme, quant à la faculté de Médecine, n'est autre chose qu'une chaleur naturelle, et, défaillant la chaleur, défault la vie, par le moyen de cette composition la complexion mélancolique a esté changée en sang, combien que soient deux humeurs discrepantes dyamétralement de tous poincts ; tout ainsi la fumée qui est matière chaude et humide si est ce que de premier instant se convertit en suie fuligineuse, qui est froide et seiche de la nature de la terre. Ainsi cette composition vient rajeunir le personnage qui en use : s'il est personnage triste ou mélancolique le rend joyeux, allègre ; s'il est homme timide, le rend audacieux ; s'il est taciturne, le rend affable par le changement des qualités ; s'il est homme malingre, le rend doux et lénitif, le commuant comme de l'âge de trente ans ; s'il commence que le poil de la barbe lui vienne gris, retarde la vieillesse

de beaucoup, garde de la couleur non mye les ans, mais
réjouit le cœur et toute la personne tant entièrement que
le jour qu'il en a pris, son estomac rendra une odeur, se
sentira tant content sans eschauffer nature, sans nullement
l'altérer, préservant de douleur de teste, de mal de costé,
augmente la semence spermatique en si grande abondance
que l'homme fait tout ce qu'il veut sans soi fâcher ni
altérer aucunement ; il conserve les quatre humeurs en
telle symétrie et proportion que si l'homme l'avait en
nativité, il ne pourrait avoir de finiment ; mais celuy qui
nous a appris de naître aussi nous a appris de mourir [1].

Ainsi qu'il le dit lui-même, il donna de cette incomparable pommade, où se mêlait la poudre de lapis-
lazuli à cllee de corail et aux feuilles d'or, à l'évêque
de Carcassonne, qui en éprouva grand bien et en
réclama plusieurs fois, ce qui obligea Nostradamus
de se rendre chez les apothicaires. Il en hantait volontiers les boutiques, se plaisant à s'informer auprès
d'eux des médecins qui exerçaient leur art dans la
ville où il se trouvait de passage, de leurs remèdes
et du résultat qui s'ensuivait. Ce n'était point une
vaine curiosité qui le poussait ainsi à demander les
habitudes et les recettes de ses futurs confrères, mais
bien lé souci constant de s'instruire aux façons d'autrui et d'acquérir promptement une expérience qui ne
pouvait lui venir de l'âge. Aussi la figure des villes où
il passait avait-elle pour lui peu d'importance, car
il y retrouvait toujours le même décor de pots et de
vases d'urines, qui faisait l'objet des plus constantes
préoccupations des médecins, et d'où lui-même tirait

---

1. Chap. XXVI du *Traité des Fardemens* par Michel Nostradamus.

plus d'enseignements utiles que de la vue des monuments et des particularités de paysages qu'il rencontrait sur sa route.

Toulouse, néanmoins, où la peste l'entraîna après l'avoir appelé à Carcassonne, ne fut pas sans le frapper par la grandeur inusitée de ses maisons, de même qu'il s'ébahit du nombre de tours et de tourelles qui en flanquaient les angles, toutes portées si haut dans le ciel qu'elles semblaient en accrocher les nuages. Nostradamus ne mit pas longtemps à s'apercevoir que le Toulousain était glorieux : il avait, en effet, des prétentions à la noblesse et entendait témoigner de l'illustration de sa naissance par l'aspect extérieur de son bien.

Nostradamus habitait rue de la Triperie, non loin de la place du Capitole, une maison noblement écussonnée où la pierre, chargée d'emblèmes, avait fort grand air.

Il n'entendait plus bourdonner à son oreille que des titres ronflants que n'eût point dédaignés quelque fier hidalgo, et il n'était pas jusqu'aux apothicaires qui ne prétendissent cacher des quartiers de noblesse dans la matière humide de leurs bocaux et mêler des préoccupations nobiliaires à celles de pommade et d'ordonnance.

Ces grands airs et ces ampoulades eurent-ils l'heur de flatter les plus secrets instincts de Nostradamus, et se trouvait-il lui-même dans une disposition d'esprit propre à lui permettre d'en être enchanté ? On peut le penser en voyant le goût qu'il marqua pour Toulouse, où il se créa de nombreuses relations qui le retinrent longtemps dans la ville et l'incitèrent à y revenir dès qu'il en trouva l'occasion.

Ainsi, il avait vu comment on mourait à Montpellier, à Carcassonne, à Toulouse et à Narbonne, sans parler de la campagne où on le trouvait le plus souvent ; il avait examiné la peste sous toutes ses formes et dans toutes ses manifestations ; mais il lui restait encore à en faire l'étude à Bordeaux, et c'est là qu'il s'en fut la chercher et qu'il la contempla dans toute sa force et dans toute sa fureur.

Ce n'était point, cependant, que Bordeaux ne prît pas de précautions pour se préserver des maladies ! Les lépreux n'y étaient point admis, même pour mendier ; il en allait de même des Gahets, ces descendants des Sarrasins qui avaient échappé au glaive de Charles Martel et obtenu la permission de rester en France après avoir embrassé la religion catholique. On prétendait que les pauvres diables étaient atteints de maux contagieux, et les portes de la cité prudente refusaient obstinément de s'ouvrir devant eux.

Ils étaient vraiment très exigeants, ces Bordelais ! Ainsi, il ne leur suffisait pas que le corps fût en bon état, ils voulaient aussi un esprit orné, servi par une langue habile. Non seulement on ne pouvait tenir boutique en leur cité si l'on n'était « homme de bien, de bonne vie et conversation », mais il fallait encore être net de son corps, « non ladre, ni gahet, ni taché d'aucun mal contagieux. »[1]

Cette obligation d'honnête langage, quelque sévères et prudes que fussent les édiles, n'était guère observée par tous les Bordelais, et ce que l'on entendait en passant dans la rue Maubec[2] n'avait rien de parti-

1. Règlement des Corporations.
2. Rue des Mauvaises-Langues.

culièrement édifiant. Les poissardes les plus mal
embouchées s'y querellaient du matin au soir, et l'on
ne pouvait guère leur comparer, pour la hardiesse et
le fumet des mots, que les tripières de la rue Mau-
couyade [1], dont l'humeur n'était pas plus accommo-
dante. Quand les propos devenaient par trop injurieux,
celle qui les tenait était condamnée à une amende
de dix sous ; si la coupable ne se trouvait pas en mesure
de payer, elle devait s'acquitter en nature : on lui
attachait une corde sous les aisselles, et on la plongeait
trois fois dans la rivière afin de lui rafraîchir le tempérament [2].

Les rues noires et tortueuses où les commères
menaient si grand tapage, ainsi que celles qui les
avoisinaient, les rues de la Truye qui File, des An-
douilles, du Poisson Salé, et bien d'autres, n'étaient
pas moins puantes et bourbeuses que les rues des
autres villes. Les édiles, si sévères quant aux personnes, laissaient les tas de fumier, les détritus et les
« bourriers » s'étaler en paix au beau milieu des ruis-
seaux croupis où les grosses femmes braillardes en-
fonçaient leurs pieds qui en remuaient la puanteur.
Ces « bourriers » facilitaient singulièrement la contagion de l'épidémie, quand ils ne provoquaint pas la
maladie elle-même.

Ce fut donc une peste d'une qualité et d'un enragement tout à fait particuliers qui s'abattit sur la ville ;
l'on y voyait les gens mourir comme des mouches au
bas des remparts, où ils avaient hissé péniblement

1. Rue Mal-Coiffée.
2. *Une promenade dans Bordeaux en 1550,* par J. Barrère —
1895.

leur grosse bombarde [1] inutile et froide, qui ne pouvait lancer ses boulets de sept cents livres à la pestilence de l'air, et laissait les pauvres Bordelais se débattre tant bien que mal avec leur redoutable ennemie. Partout ils se tordaient dans les coliques, sur le pont des navires mouillés devant le quai des Chartrons, entre les créneaux du château Trompette [2] où gémissaient dans les fers les criminels de Guyenne, sur les bancs du tribunal du prévôt, au château de l'Ombrière, où les juges s'arrêtaient d'interroger les étrangers qui comparaissaient devant eux pour se trémousser dans leurs robes avec des grimaces de douleur ; les soldats, en tombant, faisaient sonner leur armure sur le mauvais pavé des rues ; les marchands se renversaient sur leurs comptoirs, et il n'était pas jusqu'aux mégères de la rue Maubec qui ne se tinssent coites, tout étonnées de sentir leur langue se paralyser dans la bouche.

L'on mourait en si grand nombre, que les notaires ne savaient plus où donner de la tête ; tous les Bordelais les appelaient en même temps pour leur dicter leurs dernières volontés ; alors ils en étaient réduits à se planter au milieu de la rue avec leur écritoire, et à rédiger de la sorte les testaments qu'on leur criait par les fenêtres [3].

---

1. Parmi la puissante artillerie de la ville figurait une grande bombarde commandée par la municipalité, en 1420, à Jean Gautier, officier d'artillerie de la ville, et qui tirait des boulets de pierre de sept cents livres.

2. Construit en 1454, sur les ordres de Charles VII, par Xaintrailles. Le château Trompette se trouvait sur l'emplacement actuel des Quinconces.

3. *Une promenade dans Bordeaux en* 1550, par J. Barrère—1895.

Nostradamus passe au milieu de tous ces malheureux ; déjà son nom commence à se répandre ; ceux
qui le reconnaissent le supplient de les guérir. Quel
est son remède ? Les gens qu'il soigne échappent à
la mort ; dès qu'il paraît, il asperge l'air, et la peste
est vaincue. Ce qu'il met dans sa grosse pompe d'étain
n'est-il pas tout simplement quelque puissant désin-
fectant, et ne faut-il pas voir en Nostradamus le père
de l'antiseptie ? C'est bien probable.

Jusqu'alors, les médecins pressentaient qu'il fallait
purifier l'air, et avaient cru y parvenir en faisant
brûler des bois odoriférants. L'idée était juste, mais
le moyen employé fort insuffisant. Tous les efforts
de Nostradamus durent tendre à remplacer ces bois
et ces eaux de senteur par quelque matière volatile
douée de plus d'énergie.

Mais le futur médecin, de nouveau, s'éloigne de
la ville : sa mule le porte à travers la campagne, et,
sur son passage, c'est comme une résurrection. Sa
poudre fait merveille. Il apparaît dans un nuage,
tel le Seigneur sur le mont Sinaï, et ceux qui gémissaient sentent leurs douleurs s'apaiser ; les entrailles
s'assagissent, la fièvre tombe, les hideux cauchemars
s'évanouissent, les plaies se cicatrisent. L'étudiant
se voit recherché de tous ; on l'appelle de tous côtés ;
il lui faut sans cesse enfourcher sa monture et suivre
le fil des routes sous l'ardent soleil qui lui donne son
ombre pour compagnie, cependant que les cigales
font chanter les oliviers.

Un jour[1], il se trouve en vue d'Avignon. Il n'est

1. Probablement en 1526, c'est-à-dire peu après son départ
de Montpellier, et vraisemblablement avant ses séjours à
Narbonne, Toulouse et Bordeaux.

point homme à s'attendrir devant ses remparts retrouvés, ni à se laisser retarder par la contemplation de
ce qu'elle offre à ses regards, où plus d'un prendrait
occasion de s'émouvoir au souvenir du passé, car c'est
le même décor grandiose et lumineux de hautes
murailles sur la colline, d'où s'élance une église que
rencontrèrent ses yeux de jouvenceau la première
fois qu'il fut loin de sa famille. Avignon, c'est sa
jeunesse qui lui rit, maintenant qu'il a pris de l'âge
et de l'expérience.

Mais il marche vers elle sans voir son visage. Il a
l'esprit encombré de formules, de textes, d'observations scientifiques cueillies au cours de son voyage,
et s'il hâte le pas de sa mule, c'est qu'il est curieux
de comparer son Université à celle de Montpellier
et de juger de la science de ses médecins.

Il les critique bientôt sévèrement et s'indigne de
leurs manières, car ils ne respectent point la volonté
du Christ, qui a recommandé de se montrer indifférent
aux biens de ce monde pour ne songer qu'à se préparer « un trésor dans le ciel, où les larrons ne dérobent
point, ne si fait banque faillite ». N'est-ce point d'ailleurs la sagesse même que d'agir ainsi ? Mais la plupart des médecins d'Avignon n'ont que du vent dans
la tête ; ils ne comprennent pas ce qui est raisonnable
et sensé. Ils se dissipent, et « préfèrent la richesse de
ce misérable monde, qui tôt périt, à celle qui, par les
lettres, serait à tout jamais perdurable ». Nostradamus est plein de mépris en les voyant s'agiter pour
de vaines questions d'honoraires qu'ils transforme-
ront en plaisirs plus vains encore. Lui-même n'a point
de ces basses préoccupations : cependant que les
jeunes gens courent vers les plaisirs de la rue de la

Madeleine couchée, il installe, une fois encore, dans une chambre d'auberge, ses cornues, ses pots, ses plantes et, loin des hommes, indifférent à ce qui s'agite autour de lui, ne sachant même plus s'il est à Montpellier, à Narbonne, à Toulouse ou en Avignon, il travaille.

Cette fois, il fait une « gelée de coings, d'une souveraine beauté, bonté, saveur et excellence, propre pour présenter devant un roy et qui se garde bonne longuement ». Et, en effet, François Ier, bientôt, l'appréciera beaucoup. Pour l'instant, Nostradamus se contente de l'offrir au légat d'Avignon, le cardinal de Clermont, et au Grand-Maître de Rhodes lors de son passage en Avignon, en 1526.

Notre Méridional n'est point du tout étonné quand il gravit les degrés du palais des Papes pour remettre sa drogue au légat. Nostradamus n'a garde de s'estimer au-dessous de son mérite, et tient pour chose précieuse tout ce qui sort de ses cornues et de ses marmites ; il les vante hautement. A quoi sert, en effet, de se montrer timide quand on connaît l'excellence de son œuvre ? et la modestie, dans ce cas, n'est-elle pas une niaiserie tout juste bonne à priver beaucoup d'honnêtes gens du secours d'un remède qui serait pour eux la source de grandes félicités ? Il proclame donc comme il sied l'excellence de ses gelées, dont « on porte le bruit et renommée même jusques aux femmes ».

Nostradamus partage son temps entre ses clients, auxquels il remet ses drogues, les apothicaires qu'il visite dans leurs boutiques, les pestiférés qu'il soigne dans la campagne, et la librairie d'Avignon, qui ne laisse pas de l'enchanter. Celle des rois de France n'est rien, à la lui comparer. Elle se montre pourvue de tous ouvrages de théologie, de droit canon, et aussi des livres des maîtres de la pensée antique, Aristote, Sénèque, Cicéron, Pline, Virgile, Boèce, Horace, Tite-Live, Ovide, etc., sans oublier ceux de médecine et de sciences naturelles. Nostradamus achève de s'y perfectionner en la connaissance de l'humanité ; puis, la nuit, revient à ses fards et à ses confitures.

Ainsi les vains bruits du monde ne parviennent point jusqu'à lui ; il n'est sensible qu'à ceux qui parlent de religion.

Le pape Léon X avait jeté l'anathème contre Luther et ses partisans, ordonnant à tous de les tenir pour hérétiques. Les villes où passait Nostradamus étaient tout échauffées par les querelles ; le nombre des huguenots augmentait de jour en jour, et le futur prophète s'indignait que l'on pût préférer le prêche à la messe, et quitter une religion bonne pour en prendre une mauvaise. Ce fils de Juif converti sous menace d'expulsion, et dont les veines charriaient du sang de la tribu d'Issachar, témoignait, pour la religion du royaume, d'un zèle où certaines gens malintentionnés, comme il s'en rencontre tant de par le monde, auraient pu prendre occasion de l'accuser de vouloir, par une grande dépense de piété, se concilier les bonnes grâces de l'Église.

Et, cependant que les hommes se querellaient ainsi, la peste continuait son œuvre de mort. Là, il n'était point de distinction : que l'on fût papiste ou parpaillot, de quelque autorité ecclésiastique que l'on se recommandât, elle tuait sans rien vouloir entendre.

A cet enragement, Nostradamus opposait sa poudre désinfectante, dont la vertu était extraordinaire. Depuis quatre ans, il vivait en contact permanent avec l'horrible fléau qui faisait fuir tous les gens et trembler les médecins, depuis quatre ans il plongeait dans son horreur, recueillait ses humeurs, respirait son haleine infecte, et ses miasmes corrompus. Et il avait toujours sa robuste santé, ses belles couleurs vermeilles, comme si la mort eût reculé devant lui.

Et puis, la peste s'apaisa d'elle-même ; elle avait jeté tout son venin ; la bête « furieuse et tempestative » était épuisée ; elle ne mordait plus qu'en laissant ses crocs dans la chair de ses victimes.

Montpellier avait repris son aspect accoutumé ; les boutiques offraient de nouveau aux regards des passants les robes, les bonnets, les étoles et les fourrures qu'il fallait aux docteurs ; les épiciers ouvraient les gros ballots d'épices rares que les bacheliers envoyaient aux professeurs, et tous les suppôts d'Université recommençaient de plus belle à mettre le pauvre bourgeois dans les transes et à faire la désolation de sa vie. Les médecins, débarrassés de leur ail, de leurs lunettes, de leur gros maroquin et de leur peur, se souvinrent de Nostradamus. Ils n'étaient pas sans avoir entendu parler de ses guérisons quasi-miraculeuses, et jugèrent fort inconvenant qu'un homme qui n'avait même pas été reçu docteur se mêlât de soigner, et surtout de guérir. Nostradamus comprit qu'il lui fallait revenir promptement « prendre ses degrés. » L'université inscrivit de nouveau sur ses registres « sa matricule », le 23 octobre 1529. Il passa rapidement ses « Triduanes », qui sont six examens qu'il fallait subir soir et matin pendant trois jours.

Il présenta, selon l'usage, une liste de douze maladies
au chancelier, qui lui en assigna trois, et au doyen,
qui en choisit trois autres. Chacun de ces six examens
dura au moins une heure, en présence de chacun
des professeurs désignés à tour de rôle. A toutes les
séances, Nostradamus triompha des arguments que
les aspirants, de leur banc, avançaient à l'encontre de
sa thèse. L'épreuve terminée, il fut admis au doctorat.

Il publia, devant tous les membres de la Faculté
réunis, le résultat de ses recherches et de ses études,
dit de quoi se composait chacun des remèdes employés,
expliqua les effets qu'ils devaient produire, et enfin,
prouva qu'il savait opérer et l'avait déjà fait avec
succès. Il fallait, tout ensemble, être savant, habile
et expérimenté.

Chacun des docteurs, sous la présidence d'Antoine
Romier, l'interrogeait avec grande défiance, car il
avait usé de remèdes non autorisés, et les Universitaires n'en pouvaient admettre la vertu. Le plus tenace,
et celui qui cherchait le mieux à l'embarrasser, était
justement Antoine Romier, l'un des plus savants
médecins du seizième siècle ; on le voyait s'agiter
dans sa belle robe, dogmatiser, subtiliser, argumen-
ter ; il ne négligea rien pour confondre Nostradamus ;
le pauvre corps humain par lui fut disséqué en toutes
ses parties ; il n'en resta pas une qu'il n'eût fait expliquer par le candidat. Il fallut lui décrire en ses plus
minutieux détails cet ensemble compliqué d'appareils
que l'on nomme poumons, estomac et cœur en langage
vulgaire, lui dire pourquoi les humeurs brûlées se
corrompent quand une lymphe âcre s'est jetée sur
elles, parler des sels volatils dont le rôle est si important, enfin connaître toutes les maladies, sans en

excepter une seule, avec le remède propre à la combattre et à la vaincre.

Le peuple suivait ces débats avec passion.

A chaque instant, le grand médecin croyait avoir porté le coup fatal dont le candidat allait rester assommé, ou bien s'imaginait l'avoir perdu dans un labyrinthe d'où il ne lui serait pas possible de se dégager. Mais Nostradamus, sans lui laisser le temps de se réjouir, relevait l'argument, démontrait le bienfait de ses remèdes, justifiait toutes ses tentatives de façon si pertinente qu'il fallait bien s'incliner devant sa science et reconnaître qu'il avait raison. Alors les applaudissements éclataient, ce qui ne laissait pas de le gonfler d'orgueil, et, soutenu par l'enthousiasme de l'assemblée, la barbe véhémente et le geste large, il enflait la voix, afin de se faire mieux entendre.

Il enleva tous les suffrages ; il fut reçu au milieu des applaudissements et de l'admiration des assistants. Il ne restait plus qu'à lui conférer solennellement les insignes de son nouveau grade.

La veille du jour où Nostradamus dut passer son « acte de triomphe », la grande cloche de l'école sonna sans répit ; et les bonnes gens se disaient chez eux : Tiens demain il y aura un nouveau docteur ! Certains se réjouissaient ; d'autres ricanaient, et l'on voyait bien à leur mine qu'ils n'en auguraient rien de bon ; mais ceux qui savaient quel était le candidat s'indignaient d'une telle méfiance, car cette fois, il ne s'agissait plus d'un homme ordinaire, et ils s'étendaient avec complaisance sur les choses merveilleuses que l'on disait de Nostradamus.

Puis, le lendemain matin, la même cloche recommença son branle, cependant que le jeune homme s'habillait pour la cérémonie de sa réception. La Faculté en corps s'en allait par les rues pour le prendre à sa maison, et le peuple, en la voyant passer, se détournait de ses affaires afin de l'escorter, car elle était précédée de musiciens qui menaient grand tapage et donnaient l'envie de les entendre jouer leurs airs gais, cependant que la vue des belles robes fourrées d'hermine inspirait le désir de contempler la pompe médiévale en l'une de ses plus augustes cérémonies. Les ouvriers descendaient de leurs échelles, les clients sortaient des boutiques, suivis des marchands qui tenaient encore leur aune ou leur boisseau à la main ; on voyait des femmes s'en venir la quenouille au côté ; des enfants criaient ; toutes les fenêtres se garnissaient de têtes emmaillotées de linge ; et l'on n'entendait presque plus la musique qui menait tout ce peuple chercher Nostradamus, tant la ville était devenue bruyante. On eût dit que les gens s'en allaient prendre à la demeure de ses parents une jeune et timide épousée pour la conduire à l'autel. Nostradamus traversa la ville au grincement des violons ; mais il goûta peu le concert, car l'heure lui semblait mal venue pour s'occuper de chansons. Celles-ci cessèrent bientôt de résonner, et les graves professeurs eurent leurs belles robes quelque peu froissées par la cohue qui venait de s'engouffrer à leur suite sous les voûtes de l'église Saint-Firmin, où Nostradamus allait être reçu docteur. Tous se bousculaient pour voir et pour entendre, et il y en avait de pressés contre les grosses colonnes de pierre, où grimpaient de jeunes pages effrontés, qui s'asseyaient sans façon sur les sculptures des chapiteaux, d'où ils laissaient pendre leurs jambes, qu'ils s'amusaient à balancer par-dessus la houle des têtes. Ils étaient évidemment les mieux placés pour assister à la cérémonie, et ils se livrèrent incontinent à des réflexions qui égayaient le peuple, cependant que le professeur chargé de conférer le doctorat au récipiendaire commençait de lui tenir un discours latin plein de conseils et d'instructions.

Alors, cependant que la foule criait « Noël » et se trémoussait d'aise, Nostradamus fut coiffé du bonnet où résidait toute la dignité de son nouvel état. Quand il l'eut en tête, il tendit son doigt, où glissa une bague, et sa taille fut entourée d'une ceinture d'or ; on lui présenta le livre d'Hippocrate ; puis les docteurs le firent asseoir dans la chaire, à côté du professeur ; les uns après les autres, ils en gravirent les degrés, et, s'inclinant gravement, lui donnèrent l'accolade. Enfin, il fut béni. Et chacun de ces gestes était accompagné d'un petit discours qui en expliquait la valeur et la signification. La cérémonie se termina, selon l'usage, par une distribution de gants et de confitures.

Peut-on penser que Nostradamus conçut un grand orgueil quand il se vit coiffé du bonnet carré et revêtu, lui aussi, de la bonne robe fourrée d'hermine où le docteur se tient le corps au chaud ? Il dut n'en ressentir qu'un plaisir assez médiocre, car, depuis longtemps, il avait plus de foi en sa propre science qu'en celle des membres de l'Université, et il n'estimait pas qu'on lui fît un honneur au-dessus de son mérite en lui permettant enfin de guérir officiellement les gens.

*
* *

La clientèle aussitôt dut se précipiter chez lui. Chacun voulait être soigné par ce médecin dont on disait merveilles. En peu de jours, il vit défiler toutes les coliques, les bronchites et les fièvres de la ville. On trouvait sa mule attachée à toutes les portes, et il n'était pas jusqu'aux étudiants qui ne lui fissent une ovation quand ils le rencontraient. Ils souhaitaient l'avoir pour professeur, et le réclamaient avec tant d'insistance qu'ils finirent par l'obtenir.

Mais ils n'eurent pas longtemps pour s'en féliciter : bientôt, en effet, l'ennui s'empara de Nostradamus.

Les professeurs, à l'époque, n'avaient pas le droit d'émettre d'opinions personnelles : il leur fallait se contenter de lire certains ouvrages à leurs élèves et de les commenter en quelques mots. Nostradamus dut plusieurs fois enseigner des choses qu'il jugeait fausses et dont sa propre expérience lui avait démontré le néant. Certaines théories lui paraissaient si absurdes qu'il frémissait d'en devoir inculquer l'erreur à ces jeunes gens, qui l'allaient répandre à leur tour pour le plus grand dommage du corps des hommes. Sa chaire de professeur lui semblait une prison, et il y subissait une véritable torture ; il lui prenait des envies de s'en évader. Le dégoût l'envahit peu à peu ; il ne se rendait plus à ses cours qu'avec un extrême ennui, et on lui voyait la mine longue quand il marchait derrière le massier qui le menait par les couloirs de l'Université.

De nouveau, il souhaita se retrouver seul, loin de ses confrères, afin de pouvoir soigner les malades comme il l'entendait. Ce désir fut si violent qu'un jour de l'an 1531, il n'y put résister, et, pour la seconde fois, s'éloigna de la ville savante, emportant le souvenir de son admiration pour Antoine Suporta, fils de l'un des professeurs de l'Université, qui, selon lui, avait hérité de « l'âme d'Hippocrate » ; à ces louanges il associait Guillaume Rondelet, « un autre Dioscoride », et Honoré Castelan, « un des meilleurs médecins de cette ville, quoique débutant ».

Il retourna dans les campagnes où il était passé une fois, et tous ceux qu'il avait soignés se levaient pour aller au-devant de lui. Le spectacle qui s'offrait au médecin était charmant : les jeunes filles se paraient de fleurs pour lui faire honneur, et de leurs lèvres, d'où il avait entendu sortir des plaintes et des cris de douleur, s'échappaient maintenant de fraîches chansons ; les corps décharnés revenaient tout doucement à la plénitude de leurs formes ; on entendait de nouveau les femmes remuer les chaudrons et filer le lin dans les cuisines. Certaines, trop faibles encore pour se lever, lui souriaient du seuil ; d'autres lui tendaient de petits enfants ; elles disaient : « Voyez, il est là ! vous l'avez sauvé ! » Des amoureux se reprenaient à l'illusion de l'amour ; on l'entourait, on lui baisait les mains, on lui criait de toutes parts : « Nous vous devons la vie ! » Alors, quelque chose d'énorme le soulevait ; on eût dit que le vent du Seigneur soufflait dans son manteau ; il devenait plus grand ; sa barbe blonde frissonnait ; son visage s'épanouissait. Oui, il les avait sauvés ! sans lui, ils ne seraient plus maintenant que charogne en terre ! Puis ses lèvres rieuses se plissaient en une moue de mépris : il avait composé de nouveaux remèdes, car les anciens tuaient au lieu de guérir !

Tous voulaient le fêter ; pour lui témoigner leur amour, ils lui offraient des présents : l'un lui tendait un chapon gras, l'autre un fromage de ses brebis, un gâteau de son four ; il pouvait s'asseoir dans toutes les maisons, se chauffer à tous les feux ; il avait vaincu la mort, on pensait qu'il y avait en lui un pouvoir mystérieux. Les aïeules qui filaient à leur rouet s'écartaient pour lui faire la place plus grande devant l'âtre, et les petits enfants le regardaient comme s'ils eussent vu descendre de son socle l'un des saints de l'église. Mais ils se familiarisaient bientôt, car Nostradamus était doux et affable.

Les paysans n'étaient pas les seuls à le fêter : partout où il passait, les notables, qui avaient entendu vanter ses mérites et qui eux-mêmes avaient eu recours à ses soins, le voulaient voir et lui dépêchaient leurs gens pour le prier de s'arrêter chez eux ; il dormit dans des lits plus somptueux que des trônes, festoya à la table de maint seigneur et donna ses drogues à de nobles dames entourées de lévriers frileux et de pages mignons.

Il parcourut de nouveau, pendant deux ans, le Languedoc et la Provence, et ce dut être à cette époque qu'il dédia et offrit à la princesse de Navarre une traduction en vers du livre d'Orus Appollo, fils d'Osiris, roi d'Égypte [1].

Il revit Bordeaux, visita La Rochelle, et se trouvait

---

1. Il signe Michel Nostradamus de Saint-Remy-en-Provence, ce qui prouve qu'il n'avait pas encore acquis un domicile fixe. Ses autres ouvrages sont signés : Michel Nostradamus de Salon-de-Craux-en-Provence.

Nostradamus aurait donc, dès son jeune âge, étudié les croyances orientales et égyptiennes.

à Toulouse, où les nombreux amis qu'il s'y était faits l'avaient appelé, lorsqu'il reçut une lettre de Jules-César Scaliger, l'un des plus grands savants du siècle, fixé à Agen ; ce dernier était curieux de juger par lui-même de la réputation de Nostradamus, et exprimait le désir de le connaître. Le jeune docteur lui répondit d'une façon « à la fois ingénieuse, savante et spirituelle » ; sur quoi il se hâta de se rendre à son appel. Il était fort pressé de se voir introduit auprès de cet homme tout ensemble philosophe, poète et médecin, quand il entra dans la bonne ville d'Agen, et s'informa sans tarder du lieu où vivait le savant.

Il le trouva à quelques pas d'Agen, retiré dans un vallon charmant où il avait sa propriété de l'Escale, et où il s'occupait tout le jour des plus graves travaux d'érudition. Les deux hommes étaient faits pour s'entendre, et se séparèrent enchantés l'un de l'autre. Dès lors, Nostradamus prit quotidiennement le chemin de l'Escale. Il suivait les petits sentiers rustiques qui y menaient en méditant déjà sur la conversation qu'il allait avoir avec son ami, et en en goûtant par avance le plaisir délicat et rare. La vue seule de la demeure quand elle apparaissait au détour d'un feuillage, lui chatouillait le cœur d'une douce émotion au spectacle de ses armoiries gravées d'un aigle portant une échelle où l'on pouvait lire les prétentions du maître à la noblesse et plus particulièrement à celle de la grande famille italienne des Scala, dont il se disait le descendant.

Tout reposait dans la paix d'une famille heureuse.

Scaliger avait porté les armes avec honneur en Italie, puis on l'avait vu à la suite d'Antoine de la Rovère lorsque celui-ci était allé, en 1520, occuper son siège épiscopal d'Agen. Le philosophe s'y était pris d'amour pour la belle Adriète de Loubéjac, dont il avait fait sa femme. Elle lui avait donné deux fils propres à le satisfaire dans son orgueil.

Les deux hommes discutaient longuement, gravement. Nostradamus faisait part de ses recherches à Scaliger, qui lui exposait ses théories sur la philosophie, la critique, la poésie et l'histoire. De tels entretiens enchantaient le jeune docteur, qui se lia bientôt d'une étroite amitié avec Scaliger ; et quand il s'en retournait vers la ville, l'esprit tout échauffé par leur savante discussion, le médecin, dans la fougue de son enthousiasme, se demandait si l'âme de son ami « n'était point le père de l'éloquence, Cicero ; en la parfaite et suprême poésie, un second Maro ; en la doctrine de médecine, deux Galien ». Ces pensées aimables le conduisaient jusqu'aux portes de la ville, et c'était à peine si le bruit qu'il y trouvait l'en distrayait, tant elles avaient pour lui de charme. D'ailleurs il était accoutumé de se soucier assez peu des cités qu'il traversait, à moins qu'il y trouvât des médecins ou des philosophes illustres et de bons apothicaires.

Il n'était pas néanmoins sans prendre intérêt aux montagnes d'oies grasses, de canards, de raisins et de prunes qu'on voyait aux foires d'Agen, fameuses entre toutes ; c'est qu'il jugeait ces volailles et ces fruits de son domaine : n'est-ce point, en effet, par de la bonne nourriture que l'homme se tient en santé, et un médecin ne doit-il pas se montrer attentif à ce qui est destiné à paraître sur la table de ses clients ? Il s'en allait donc au milieu des volailles, dont il tirait le meilleur augure pour l'estomac de ses malades, à les voir si nourries de bon grain que la graisse leur coulait du corps avant même d'être mises à la broche. Mais c'était surtout vers les prunes et les raisins que Nostradamus se dirigeait le plus volontiers, car il avait toujours en tête quelque recette de confiture excellente pour la santé, et qui voulait de beaux fruits savoureux. Aussi le voyait-on les tâter de l'œil, les humer, et discourir avec le marchand sur le lieu de leur provenance.

Une autre particularité d'Agen ne laissait pas non plus de le préoccuper : son marais de Brax, dont le souffle corrompu propageait les fièvres. Il dut en parler avec les consuls qui gouvernaient la ville.

Ces consuls avaient une grande puissance, qu'ils ne devaient pas à l'illustration de leur famille, car ils étaient souvent choisis parmi le peuple ; mais on exigeait d'eux qu'ils fussent prud'hommes, loyaux catholiques nés d'un légitime mariage, point hérétiques, ni fils, ni pères d'hérétiques, ni sorciers, ni usuriers publics, ni enfin frappés de quelque peine infâmante. Forts de leur vertu et de l'opulence de la ville, ils avaient osé plusieurs fois résister aux princes de l'Église, et on les avait vus refuser leur sanction aux demandes d'argent du seigneur de la province. Ils gouvernaient la cité selon des lois antiques et sévères, qui avaient mis à mal plus d'un habitant : beaucoup, en effet, n'avaient plus de poings ni d'oreilles, et Nostradamus en rencontrait souvent qui parcouraient les rues avec une broche en fer qu'on leur avait passée au travers de la langue pour les punir d'avoir fait un faux serment.

Il y avait aussi des criminels que l'on enterrait avec

leur victime ; quand celle-ci survivait, ils payaient
une amende de soixante sols arnaudins ; mais, si elle
venait à succomber, le meurtrier était attaché derrière le mort ; il entendait la messe funèbre, regardait
creuser le trou où on l'allait précipiter ; il était vert, il
claquait des dents, et, quand on l'avait étendu à
côté du cadavre, la terre qui tombait des pelles l'aveuglait et faisait taire ses hurlements. Les bonnes gens
qui avaient assisté à ce spectacle édifiant s'en retour-
naient alors chez eux en échangeant de sages réflexions.
Plusieurs avaient la mine assez défaite, et prenaient
occasion de ce qu'ils venaient de voir pour se bien
promettre de n'attenter jamais à la vie du prochain.
Pendant quelques heures, toute la ville parlait du
misérable qui devait se tordre les membres sous la
terre, puis, le lendemain, personne n'y pensait plus,
et l'on retournait à ses préoccupations habituelles.

La religion échauffait tous les esprits. Beaucoup
de gens s'étaient jetés· avec fureur dans celle de
Luther, et il fallait les entendre tous, chacun se
prétendant seul dans la vérité et voulant obliger
son adversaire à confesser son erreur.

Nostradamus, lui, se tenait ferme pour le Pape
et l'Église. Il s'indignait des brebis égarées à la suite
d'un mauvais berger, et jugeait sévèrement leur
conduite. Cependant, Scaliger, son ami intime, était
secrètement favorable aux protestants, et cela ne
devait pas laisser d'embarrasser un peu le jeune
médecin dans le culte qu'il vouait au philosophe.

Leur intimité, néanmoins, de jour en jour devenait
plus étroite.

Ils discutaient ensemble de la façon de soigner les
gens, et ceux de la ville se montraient tellement

enchantés de leurs drogues et de leurs ordonnances, qu'ils avaient la plus grande peur de s'en voir un jour abandonnés. Soucieux de les retenir dans les murs de leur cité, ils leur dépêchèrent les plus notables d'entre eux, qui leur offrirent des présents considérables s'ils voulaient bien rester. Les deux médecins refusèrent, en disant qu'ils ne s'appartenaient pas à eux-mêmes, et que si la ville d'Agen avait des cadeaux à faire, elle devait, avant de s'occuper d'eux, penser aux malheureux, aux infirmes, aux malades et aux vieillards. Cette réponse mit toute la ville dans l'enthousiasme, si bien que le lendemain, alors que Scaliger et Nostradamus se rendaient à la promenade en devisant le plus tranquillement du monde, ils furent bien étonnés de voir les gens sortir de leurs maisons en s'appelant les uns les autres, et courir vers eux dans une grande agitation. Tous les bras se tendaient pour les enlever de leurs montures, et ce fut portés en triomphe par une foule enthousiaste qu'ils poursuivirent leur promenade [1].

Bientôt des préoccupations d'un tour assez nouveau habitèrent l'esprit de Nostradamus : le jeune médecin venait de tomber amoureux. Son ami Scaliger l'était fort de sa femme, et ce sentiment tendre ne dut pas laisser d'amollir le cœur de Nostradamus, qui se montrait en tout fort jaloux de suivre l'exemple que lui donnait un homme aussi parfait que Scaliger. Nostradamus avait alors trente ans ; il était fait pour plaire aux filles, en même temps qu'il savait inspirer confiance à leurs pères. Plutôt petit que grand et corpulent que maigre, il avait une figure où le regard d'autrui

1. *Essai sur l'histoire de Provence*, par Bouche — 1785.

se posait avec agrément : son front était vaste et
bombé, ses joues toujours aussi vermeilles, son nez
aquilin ; ses cheveux châtain foncé, sa barbe longue
et fourchue produisaient le meilleur effet.

Son visage riant et ouvert plaisait aux femmes, et
les vieux ne s'en effrayaient pas, car il avait en même
temps un air naturellement sérieux où ils voyaient
bien que ce jeune homme était plus souvent plongé
en des pensées graves que dissipé par des images
frivoles. Ses pâtes, ses confitures et ses baumes le
prouvaient d'ailleurs fort éloquemment, et tous les
pères encombrés de filles à marier lui firent des avances.
Il y en avait parmi eux de très riches : ils lui vantaient
leurs biens, soulevaient les couvercles de leurs coffres
pleins d'or, le menaient visiter leurs fermes où l'on
engraissait les volailles, le conduisaient dans leurs
boutiques et lui montraient les aunes d'étoffe qui se
déployaient devant les chalands empressés, ou les
livres d'épices que les sacs versaient aux balances.

Mais Nostradamus détournait la tête, et refusait
l'héritière de tous ces biens.

Il était épris d'une jeune fille « de haut lignage,
très belle, très aimable », et ce fut elle qu'un beau jour
il épousa.

*
* *

Le voici marié. Il est heureux. Sa demeure, maintenant, n'est plus le logis vide et froid du savant solitaire qui n'a que ses cornues et ses gros livres pous-
siéreux pour lui tenir compagnie. Quand il revient aux
réalités de ce monde après de longues heures de
méditation, une femme lui sourit, une femme lui

parle, et son oreille est ravie par la musique de sa voix. Sa couche n'est plus solitaire ; au milieu de ses plus graves études, il y pense avec complaisance. Un tout petit enfant marche dans la maison ; un autre dort dans son berceau. Nostradamus travaille dans la joie. Il sait qu'il y a dans sa demeure une dame jolie qui tourne sa quenouille en pensant à lui, il entend le murmure de sa robe passer derrière la porte, et, le soir, quand il est las d'avoir tant réfléchi durant la journée, son fils lui grimpe aux genoux et accroche ses doigts dans sa longue barbe bouclée, cependant que la remueuse chante quelque lente complainte pour endormir sa petite fille.

Que pourrait-il souhaiter de plus ? les plus grands biens de ce monde ne sont-ils pas justement l'amour, l'amitié, la considération d'autrui et l'aisance ? Son bonheur ressemble au bonheur de Scaliger, et il se félicite d'avoir suivi un tel exemple. Les deux amis se voient toujours aussi souvent, et, quand vient l'été, Nostradamus se rend presque chaque jour en la retraite ombragée et rustique de l'Escale, où le maître appelle auprès de lui des hommes d'un grand savoir et de beaucoup d'érudition.

Nostradamus doit y rencontrer Arnaud Duperron, conseiller au Parlement de Bordeaux ; Tevins, un jésuite, professeur de belles-lettres dans la ville ; Buchanan, qui enseigne aussi dans la capitale de la Guyenne, Muret, professeur de latin et de grec à Auch, Mathieu Bandello, célèbre par ses Nouvelles où l'on découvre pour la première fois l'histoire de Roméo et Juliette ; ce Bandello est un dominicain, obligé de s'expatrier d'Italie après la bataille de Pavie, pour avoir témoigné de son amitié envers les Français.

Au retour, Nostradamus s'arrête à bavarder avec les uns et les autres. C'est ainsi qu'une fois, en 1534, avisant un frère occupé à couler une statue de Notre-Dame dans un moule d'étain, le médecin lui déclare qu'en fabriquant de pareilles images, il ne fait que des diables. Sans doute veut-il dire, par ces paroles, qu'il en trouve la forme vilaine, car le gothique est odieux aux hommes de la Renaissance, qui l'ont chassé de leurs demeures et s'affligent de voir les églises en perpétuer la soi-disant laideur.

Plus de trois années se passent en cette quiétude. Nostradamus s'est installé dans son bonheur. Il croit que les jours vont continuer de s'écouler paisibles et doux, et qu'il vieillira plein d'honneur et de félicité. Il est heureux quand sa mule l'emporte au chevet des malades, et plus heureux encore quand elle le ramène vers son logis. Là, de petits bras se tendent vers lui, de petites mains s'accrochent à sa robe, s'agrippent à ses longues manches ; les enfants ont grandi ; le plus jeune a quitté son berceau et titube maintenant sur ses jambes molles, la tête entourée du bourrelet qui le garde de l'angle des coffres ; l'aîné rit à la sphère armillaire qui figure le monde, comme Nostradamus a ri jadis lui-même dans le cabinet de son grand-père ; celui-là est un fils, et Nostradamus se divertit à lui montrer les globes célestes par le petit trou où il faut mettre son œil ; et, cependant que l'enfant bat des mains, l'heureux médecin forme des projets d'avenir, songe que bientôt il instruira le jouvenceau des sciences que lui-même apprit de son aïeul. Son cœur se gonfle d'espoir ; et il les soigne tous trois, la femme et les enfants, avec un grand amour. Il leur veut une peau

fraîche, un teint vermeil, une humeur joyeuse. Il leur
fait manger de ses confitures qui guérissent tous les
maux, s'oindre de ses pommades qui enlèvent tous
les boutons.

Cet homme, qui bientôt prédira l'avenir jusqu'en
ses limites les plus reculées, ne sent-il pas le malheur
approcher, cependant qu'en sa paisible demeure tout
est fait pour lui inspirer confiance et le réjouir ? Ne
voit-il pas déjà la forme d'un cadavre en cette jeune
femme qui fait la joie de ses yeux et remplit son cœur
d'allégresse ? Le matin, quand elle enroule ses voiles
'gers autour de sa tête, ne lui semble-t-il pas que ce
it de lourdes draperies de deuil, et qu'elle s'entoure
même de son linceul ? N'a-t-il pas vu, en des
tes d'horreur, ces trois êtres qu'il aimait, étendus
ie avec des cierges à côté d'eux, et n'a-t-il pas,
lui, hurlé l'horrible prophétie à ceux-là mêmes
lonnait pour les victimes prochaines ? A-t-il
d   à la mort, serré dans ses bras les deux petits,
to,   ds de vie et tout joueurs, avec sa femme
si b   ir les protéger, a-t-il essayé de les défendre,
de l,   ntre l'implacable destin ? Ou bien Dieu
lui a-   épargné la vision de son propre malheur ?...
Ceci, de toute éternité, restera son secret.

La mort fut soudaine. De tout son bonheur, elle fit
trois corps inanimés qu'on enferma dans trois cercueils,
et qu'on rendit à la terre pour qu'ils y pourrissent
en paix.

CHAPITRE III

Le voilà seul. Il courbe le dos. Il est accablé. Sa longue barbe touche ses genoux. Son regard bleu, d'ordinaire brillant comme un vitrail où luit le soleil, est morne, éteint, stupide.

Le coffre où il est assis renferme les habits de ses enfants. Quelques jours plus tôt, ils vêtaient encore leur petite chair frémissante et s'agitaient sur eux aux soubresauts de leurs ébats. Le père se souvient des tendres caresses, sent passer sur sa peau les petites mains chaudes...

En même temps, le médecin s'étonne, se demande quel est ce mal si prompt qu'il n'a pu vaincre, se remémore les drogues administrées, revoit les derniers soubresauts des malades, analyse avec une cruelle lucidité la décomposition des chairs. Toutes les maladies défilent dans sa tête avec leurs hoquets, leurs spasmes, leur délire, et ce que les maîtres de la science moderne et les maîtres de l'antiquité ont écrit sur elles lui revient à la mémoire par grands morceaux entiers dont il n'a pas oublié un seul mot.

Puis ses regards s'accrochent au rouet où la quenouille, à demi-dévidée, laisse aller son fil comme si la morte devait venir continuer son travail inachevé. Dans le drageoir, il y a encore trois bonbons, et l'un de ses voiles est resté pendu à la tête de bois de sa table à coiffer.

Seul... Nostradamus est seul.

Et on ne le laisse même pas souffrir en paix. Voici, en effet, que la famille de sa femme lui intente un procès [1]. Sans doute voudrait-elle recouvrer l'héritage de la défunte. L'homme de science doit chicaner avec des hommes de loi. Cela le déconcerte, et c'est d'un air quelque peu dédaigneux qu'il écoute leur jargon.

D'autre part, certains propos, tels que celui où il a traité de diable une vénérable statue, ont fait du bruit, et beaucoup de gens le regardent d'un mauvais œil.

Alors, pourquoi ne pas s'en aller ? Pourquoi rester dans une maison comme un chien fidèle, quand cette maison est vide ? Visiter ses clients chaque jour et revenir paisiblement chez soi, avoir une vie réglée et monotone, voilà qui est parfait pour l'homme nanti d'une famille. Mais lui ? A toujours voir les mêmes malades, il restreint le champ de ses observations, et son esprit s'appauvrit de ne plus se frotter qu'aux illustrations locales. Un seul homme l'aida à se former : Scaliger. Mais les deux amis se sont si fréquemment pratiqués l'un l'autre que leur commerce ne peut plus rien leur apprendre... Et puis le paisible bonheur du philosophe ressemble si exactement à ce que fut

1. Nostradamus éclairci, par Torné-Chavigny — 1874.

le sien, que peut-être Nostradamus n'en peut plus
supporter la vue. Tout le pousse à s'éloigner de cette
ville où il fut heureux. Et le voilà qui en traverse
les rues pour la dernière fois [1].

Des gens le regardent passer ; beaucoup se désolent
de son départ et se demandent à quel médecin ils
iront désormais porter leurs doléances et leurs infir-
mités. Certains veulent recevoir de lui une dernière
recette et gémissent, se disant repris d'un mal qu'il
a déjà maintes fois soulagé. Il ne les entend pas. Il a
mis sa mule au pas. Il baisse la tête. Des disciples
l'escortent jusqu'aux portes de la ville. Eux aussi
réclament de lui ses derniers conseils. Il a des paroles
vagues, des gestes las. Quand il les a quittés, il se
courbe davantage, il s'affaisse sur sa selle. Alors, il
a un ricanement amer. Depuis son plus jeune âge il
pâlit sur des livres. Quand les autres dorment, lui
veille, perdu dans des recherches, des expériences.
Il a guéri des centaines de gens prêts à mourir, des
villages entiers se sont jetés à ses genoux en lui criant
merci. On a presque dit qu'il faisait des miracles.
Et il a laissé mourir sa femme et ses deux enfants !
Le médecin orgueilleux de sa science est en pleine
défaite. La mort lui a prouvé qu'elle restait la plus
forte, et voulant lui faire mieux payer ses guérisons,
elle a pris pour victimes les trois êtres qu'il aimait.
Une voix lui crie sans cesse, dans le désert de sa

1. La mode du temps semble être d'ailleurs, pour les médecins
astrologues, de parcourir l'Europe et d'apprendre un grand
nombre de langues. — Henri-Cornelius Agrippa, né en 1486,
apprit huit langues en suivant Maximilien d'Autriche aux
armées.

route : « Ignorant ! ignorant ! ignorant ! tu n'as pas su les sauver ! »

Mais voici qu'il se redresse sur sa monture. Son regard brille d'un feu sombre. Sa face ravagée se durcit. Il vient de se consacrer tout entier à la science. Il marchera seul, n'aimera personne, restera libre, n'aura qu'un but : apprendre.

Seul ! Son esprit, qui a besoin de se fortifier dans l'orgueil, se délecte à ce mot. Seul ! Il le grandit sur sa selle, et l'inonde d'une atroce joie. Alors Nostradamus met sa mule au trot. Elle le secoue à la sonnaille de ses grelots. Le vent passe dans les boucles de sa barbe, et l'on dirait les petits doigts de ses enfants quand, blottis sur ses genoux, ils jouaient avec des rires, cependant que ses bras les serraient contre lui. Un frisson lui secoue l'échine, mais il se raidit dans sa volonté. Il se veut insensible à la douleur et à la joie. Il regarde devant lui... Là où il y a des hommes qu'il ne connaît pas, et où peut-être il en rencontrera qui l'instruiront.

Alors commence sa longue errance de huit années. Il n'a plus de maison nulle part. Il est le voyageur qui jamais n'atteint le terme de son voyage. On le voit en Guyenne, en Provence, en Dauphiné, en Lorraine, et même en Italie et en Sicile. Il est l'hôte de toutes les auberges. Il n'a plus de rapports avec les hommes, hormis ceux qui sont de science, que pour leur demander un lit et une soupe. Quand il en voit d'heureux auprès de femmes sages et belles, il détourne la tête et s'informe des notabilités médicales du lieu. C'est là sa grande préoccupation. Il veut toutes les visiter, se rend auprès d'elles, s'informe de leurs méthodes, s'enquiert des résultats obtenus et, le soir, revenu dans sa chambre solitaire, s'absorbe en des expériences secrètes qui le tiennent éveillé une grande partie de la nuit.

Dans le jour, il est tout occupé de médecine, et rien n'est moins mystérieux que son sirop rosat laxatif dont nous le voyons donner une once à plusieurs gentilshommes de Savone que « leur naturel oblige à user de médicaments solutifs ». Bien entendu, Nostradamus est fort satisfait de sa drogue, si retenue en ses effets qu'on en peut « bailler à une femme enceinte ès premiers et derniers mois, en tout âge et en tout temps, sans danger nul que ce soit ». Mais cette fois, le médecin n'est pas seulement content de lui. Il l'est aussi de « messer Antonio Vigerchio, espicier, homme de bien », qui fait très bien cet élixir, et Nostradamus estime que « la Faculté de la Pharmaceutrie » lui devrait bien donner « la palme ou le laurier », car ce n'est point si commun de voir un apothicaire adroit et honnête homme.

Il va à Gênes et à Venise, où il admire beaucoup la façon que l'on a de faire le sucre candi « dans les graignons des olives, après que l'huile est extraite ». Ce sucre est très blanc, très beau. Il s'occupe aussi de poires confites, car il apporte le plus grand soin à rafraîchir les humeurs de ses malades tout en excitant la convoitise de leur estomac.

Il se rend également à Milan. Son séjour dans cette ville lui inspire la traduction, du latin en français, de la description d'un souper « pontifical et somptueux » que le seigneur Trivulce aurait offert à ses invités le 6 mai 1488. Nostradamus connut-il un seigneur Trivulce ? La date du festin est-elle inventée ?

Fut-il lui-même le convive qui se déclare « saoûl »
dès les premières viandes apportées ? Ce qu'expliquerait assez son habituelle sobriété. Quoi qu'il en
soit, nous ne pouvons résister au plaisir de reproduire
le récit de ces agapes comme exemple de la capacité
stomacale et de la somptuosité des seigneurs de la
Renaissance.

D'abord, dit-il, on se lave les mains à table avec
de l'eau de rose. Puis on apporte les mets suivants :

1º Pignolat en tablette et roche fait de sucre, eau de
rose et pignons et puis après la tarte de massepain fait
de sucre, eau de rose et amandes, que nous appelons communément pains martiens.

2º Asperges nouvelles.

3º Cœur, foie et estomac d'oiseaux sauvages.

4º Chair de daim rôti.

5º Testes de génisses et veaux bouillies avec leurs peaux.

6º Chapons, poulailles, pigeons avec langues de bœuf,
jambons de truie, le tout bouilli adjouté avec la sauce de
limon.

7º Chevreau entier rôti à un chacun dans une assiette
d'argent en forme quadrangulaire avec le jus qui se fait
des cerises amaires ou comme aucuns aiment mieux appeler
cerises de laurier qui se fait en lieu d'une sauce et condiment

8º Tourterelles, perdrix, faisans, cailles, grues, beque-
figues et toutes manières de volatiles, mollement et studieusement rosties, les olives salonaises, colymbades furent
mises en lieu de condiments.

9º Coq cuit avec le sucre et aussi avec l'eau rose à un
chacun des convives dans une petite platine d'argent
concave ainsi comme toutes les autres vaisselles.

10º Un petit cochon tout entier rôti à un chacun deux
sus un petit vaisseau escuelle où il y avait une certaine
liqueur à chacune vaisselle.

11º Un paon rôti et pour son condiment il y avait une sauce blanche ou plustôt ferruginée qui estait de foyes pistez et d'une précieuse et aromatique composition ajoutée selon la proportion et symétrie, les Espagnols l'appelent garrouchas.

12º Un monde tortu et recroquillé qui était fait d'œufs, lait, saulge, farine et sucre. Nous l'appelons saulgret.

13º Cartiers de coings confits avec sucre, girofle et cannelle.

14º Costes de chardons, pignons, artichauts, si vous aimez mieux.

15º Après que les mains furent lavées toutes sortes de dragées comme coriandre, fenouil de Florence, amandes, anis, giroflat, orengeat, canelat, dragée musquée.

Et après ils furent amenés joueurs de farces et comédies, batteleurs et joueurs de goubelletz et faiseurs de soubresaulx, joueurs de bonnes moralités, chemineurs dessus des chordes ; d'autres qui de leur bouche contrefaisaient toutes sortes d'animaux, de toutes sortes d'instruments, à flûtes, joueurs de lucqs, orgues, espinctes, guiternes et psalterions, harpes.

Et après à un chacun metz les torches de cyre blanche, faites en parfum et lymniques demy dorées alaient devant et estaient concavez dedans. Où il y avait de toutes sortes d'oiseaux et autres animaux de quatre pieds. Et d'autant de sortes qu'il y avait de tous oiseaux et autres animaux cuits apportés sur la table, autant y en avait-il des vifs [1].

Mais Nostradamus n'était guère accoutumé d'entendre autant de bruit et s'il prit part au festin, il dut, à travers les fumées de l'ivresse, aspirer au

____

1. Cette traduction fut imprimée à Lyon par Jean Pullon, dit de Trin.

Elle figure à la fin de différentes éditions du « Traité des Fardemens » de Michel Nostradamus.

silence de son cabinet. Avec le malheur, ce qu'il y avait de grave dans sa physionomie a pris le pas sur ce qu'il y avait d'ouvert et de joyeux, et il a si long-temps réfléchi seul avec lui-même qu'on le trouve volontiers taciturne. Il pourrait fort bien se passer de la société des hommes, dont la plupart sont igno-rants et d'un commerce vain. Il lui suffit de travailler, de méditer et de bien remplir quotidiennement ses devoirs religieux.

Le malheur qui s'est abattu sur lui fut-il le mal nécessaire qui permit aux dons de sa race de se mani-fester ? Nostradamus connaissait son origine, et s'en glorifiait en disant :

* La tribu d'Issachar est renommée par le don de pro-phétie, et nous lisons au 32e verset du XIIe chapitre du premier livre des Paralipomènes que ceux de cette tribu sont des hommes expérimentés, capables de discerner et de remarquer tous les temps [1].

Le temps de ses premières prédictions est arrivé. Un jour, ayant aperçu un jeune Cordelier nommé Félix Peretti, né très pauvre dans un village de la marche d'Ancône, où il a été porcher, Nostradamus le salue en mettant un genou en terre. Ceux qui accompagnent le moine, surpris de cette déférence, en demandent la raison : « Parce que, répond Nostra-damus, je dois me soumettre et ployer le genou devant Sa Sainteté. » Il voit alors les autres Cordeliers hausser les épaules, et les entend le traiter de visionnaire. Cependant le jeune moine deviendra cardinal de

---

1. *Nostradamus*, par Eugène Bareste.

Montalte, puis, en 1585, pape sous le nom de Sixte-Quint [1].

Dans le temps que l'avenir commence ainsi de se laisser apercevoir, les hommes stupides le tracassent, et il lui a été ordonné, en 1538, de comparaître par-devant l'Inquisiteur envoyé de Toulouse à Agen pour y juger les crimes d'hérésie. Nostradamus se garda bien de paraître. Il savait qu'on lui reprocherait le propos tenu au moine qui fondait une statue, et que sa phrase mal comprise le pourrait mener fort loin. Il ne se sentait point de goût pour le bûcher, et préféra poursuivre son paisible voyage d'étude. Nous constatons son passage à « Valence-Allobrogum » où, dit-il,

un bien excellent apothicaire de qui ne me souvient du nom qui en lettres mathématiques je ne sçay si je feus esbai de voir dans son cabinet ce que voyet Aristippus, qu'il veit au rivage de Syracuse, ou ailleurs, quand il eut tout perdu son bien par mer, qu'il veit des lignes, et des quadratures, ou une ʼpergula de Archimède, tant trouvés l'engin subtil. De la science de médecine je n'y congneus aucun. Vrai est que à Vienne je veis aucun personnage dignes d'une suprême collaudation. Dont l'un estait Hieronymus, homme digne de louange, et Franciscus, Marius, jeune homme d'une expectative de bonne foy. Devers nous ne avons que Franciscus Variola duquel en notre préface avons fait mention que pour sa singulière humanité et pour son sçavoir prompte et de mémoire tenacissime contraint de le remémorer [2].

Il parcourut de nouveau les bords de la Garonne,

1. *Nostradamus*, par Eugène Bareste.
2. *Traité des Fardemens*, par Michel Nostradamus.

et nous le retrouvons à Bordeaux, où il s'occupait d'ambre noir, qu'il préférait à l'ambre gris pour les préparations de teinture en noir. Les flots en jetaient au rivage, à six ou sept lieues de la ville. Les paysans l'apportaient aux apothicaires, et Nostradamus, qui passait de longues heures dans leurs boutiques, considérait curieusement la marchandise que les rustres déballaient devant lui. Ce fut ainsi que, se trouvant, en l'an 1539, chez le riche apothicaire Léonard Bandon en la compagnie de Joannès Tarraga, Carolus Seninus et Jean Treilles, avocat, il vit entrer un homme qui en cachait deux pièces dessous un méchant « mantil » noir. L'une des pièces, du poids de trois onces, porta Nostradamus à des comparaisons rabelaisiennes qui durent enchanter ses amis.

Ces messieurs, excités par de si galantes images, s'échauffaient en discutant autour du morceau d'ambre, quand, raconte Nostradamus, ce paysan, qui venait d'un lieu nommé Castillon, leur affirma que

c'était l'apostème d'un poisson marin que incontinent après ce solstice hyemal, qui est en décembre. Que auprès du rivage de la mer les ondes chassent hors de l'eau ceste apostème (ou soit que ce soit plus tost greffe, car il se fond au feu), et, incontinent qu'il est sur terre, le renard le sent d'une lieue ou plus, et vient courant tant qu'il le trouve, et l'engloutit, et puis s'en va tout courant. Et ne fait que sortir et entrer dans son corps. Et le jette par derrière et l'ont nommé de telle sorte d'ambre gris, ambre renardé et ne se vend pas tant, comme celui que le renard n'a pas touché. Mais il est de couleur plus pasle et est plus léger. Et quoy que l'on dise, il n'est guère différent en vertu, en odeur et en efficace que celui qui est du tout de couleur grise. Et celui qui est noir est aussi bon. Mais j'en ai veu de

couleur noire, qui estai naturel mais de odeur estait
bastard quand au gris [1].

Nostradamus serait même passé par Argenton,
où il aurait demandé à voir un nommé Pitard, qu'on
disait mort. Il le remit aussitôt sur pied, et le ressuscité aurait érigé, par reconnaissance, une statue à
ce médecin de passage et l'aurait placée sur le faite
de l'église d'Argenton [2].

Nous avons des traces plus certaines de son séjour
en Lorraine.

Voilà déjà bien des années qu'il voyage sous un
prétexte de médecine et de pharmacie. Certes, il
visite ses confrères, entre chez les apothicaires, fait
des « confitures » et des « fardements ». Mais ne voit-il
point d'autres personnages plus mystérieux et d'une
fréquentation moins innocente que les seuls docteurs
et gens de boutique, et ne se livre-t-il pas, lui-même,
à des pratiques qui ont pour but de faire apparaître
les esprits bons ou mauvais, et pour effet, quand
elles viennent à être connues, d'envoyer leur auteur
au bûcher ?

Nostradamus a certainement hanté les alchimistes
et les magiciens d'Italie après avoir interrogé ceux de
France, et le voilà maintenant riche d'enseignements
nouveaux et de secrets. Ces études des sciences occultes

1. Chap. XXX du *Traité des Fardemens*, par Michel Nostradamus.

2. Il doit s'agir, probablement, d'Argenton dans le Lot-et-
Garonne. Cet épisode, rapporté par l'abbé Torné-Chavigny,
nous semble d'ailleurs d'une authenticité extrêmement dou-
teuse.

lui ont-elles échauffé l'esprit au point qu'il faut pour prophétiser ? Il commence à donner des marques de son habileté à prédire l'avenir, et déjà les gens se montrent curieux de le consulter.

CHAPITRE IV

PREMIÈRES PRÉDICTIONS

Un jour qu'il était dans une hôtellerie, il vit les domestiques de Mme de Lesdiguières, qui avait accouché d'un fils dans son village de Bonnet [1], s'en venir le chercher pour qu'il tirât l'horoscope de l'enfant. Il fit savoir que ce garçon serait l'un des premiers du royaume, ce qui arriva, puisque par la suite il devint connétable [2].

Puis il soigna plusieurs personnes à Bar-le-Duc, dont Mlle Ferry, qui l'entendit souvent « exhorter les catholiques « à tenir ferme contre les luthériens et à ne permettre qu'ils entrassent dans la ville [3] ». Il logeait alors chez M. de Florinville, à son château de Fains, où il traitait Mme de Florinville et la grand-mère de son mari.

---

1. Près de Gondrecourt (Meuse).

2. *La Vie et le Testament de Michel Nostradamus*, par Chavigny.

3. Mlle Ferry le raconta à Etienne Jaubert, auteur de : *Eclaircissement des véritables quatrains de maistre Michel Nostradamus.*

Un jour, ce gentilhomme se promenait dans la basse-cour avec son hôte, en devisant de présages, quand deux petits cochons de lait, dont l'un était blanc et l'autre noir, se présentèrent à leur vue. Le seigneur de Florinville, les désignant à son compagnon, se prit, par manière de plaisanterie, à lui demander quelle serait leur destinée. A quoi le docteur Nostradamus répondit que le seigneur de Florinville mangerait le noir, et que le blanc serait dévoré par le loup.

Le seigneur, voulant alors attraper le prophète, ordonna à son cuisinier de tuer le cochon blanc et de le servir au souper.

Le cuisinier se hâta d'obéir à cet ordre. Il fit donc égorger le cochon blanc, l'habilla proprement, et le mit à la broche.

Sur quoi, ayant affaire dehors, il laissa le petit cochon gras seul avec le grand feu clair qui dansait sous la hotte.

Et le petit cochon luisant tournait, tournait, suant de grosses gouttes de graisse qui s'en allaient tomber dans la lèchefrite.

Or, voici qu'un jeune louveteau qu'on nourrissait aux cuisines pour l'apprivoiser, flairant de loin le bon rôti, entra par la fenêtre. S'en étant approché, il le jugea fort à son goût, et ce fut en retroussant ses babines pour ne pas se brûler à la peau craquelante qui fumait sur sa broche qu'il commença de le déguster. Il en avait déjà dévoré les deux quartiers de derrière quand le cuisinier rentra. Il fut alors dans la plus vive surprise et la plus grande colère de trouver ce jeune louveteau affamé qui se repaissait fort goulûment de ce que le seigneur entendait déguster le soir même à son souper. Mais ce n'était point le temps de se mettre en colère. Le plus pressé était d'empêcher celle du seigneur, car les effets en pouvaient être redoutables.

Le cuisinier saisit son grand couteau, et s'en fut, sur-le-champ, égorger le petit cochon noir, qu'il transperça de sa broche et fit rôtir a la place du premier.

Le seigneur de Florinville, qui ne savait rien de l'accident, fut en belle liesse quand il vit paraître le grand plat fumant. Et, jouissant déjà de son triomphe, il prit un air fort innocent pour dire au docteur Nostradamus qu'il allait manger le cochon blanc, et que le loup n'y toucherait point. Mais le médecin astrologue repartit qu'il ne le croyait pas, car c'était bien le cochon noir qui se trouvait sur le plat.

Aussitôt le seigneur, qui fort se gaussait en soi, fit donner l'ordre à son cuisinier d'amener le cochon noir, afin de confondre son hôte.

A ces mots, le pauvre cuisinier, tremblant, se jeta à ses pieds en avouant la vérité.

L'aventure fut trouvée fort singulière, et on la répandit par tout le royaume [1].

Cette prophétie domestique venait de se réaliser quand Nostradamus déclara qu'il y avait un trésor caché dans la montagne proche du château, lequel trésor ne serait jamais trouvé quand on le chercherait, mais seulement lorsqu'on viendrait à creuser ladite montagne dans un autre dessein. Et cela fut vrai puisque, ayant fouillé la montagne pour y découvrir

---

1. *Vie et Testament de Nostradamus*, par Pierre-Joseph de Haitze,

les ruines d'un temple que les idolâtres y avaient bâti, on eut sous la pelle des pièces d'antiquité [1].

Veuf, dégoûté du monde, pénétré de la grandeur des inspirations qui, par instants, l'emportaient hors de lui-même, Nostradamus dut voir en l'abbaye d'Orval, éloignée de deux lieues seulement de Montmédy, le refuge où il lui fallait s'aller recueillir afin de mieux entendre la voix secrète qui parlait en lui. Eut-il l'intention de s'y retirer définitivement et d'y devenir moine ? Voulut-il simplement y faire une retraite ?

Exposé à tous les dangers de la route et secoué sur le dos des montures, tantôt mouillé par la pluie et tantôt cuit par le soleil, seul avec lui-même et se demandant, une fois de plus, le rapport qui existe entre les astres et la terre, il s'y rendit.

Etrange homme ! Le matin, on le trouve à la messe, et le soir, si l'on prenait la peine de le suivre en ses sorties furtives, on le verrait probablement s'entretenir de façon mystérieuse avec des alchimistes et des mages dont l'Église condamne les pratiques. Et le voici maintenant, la tête pleine d'incantations magiques, qui s'arrête devant la porte de cette abbaye célèbre de l'ordre de Cîteaux, dans le diocèse de Trèves.

Tous ceux qui entraient à Orval étaient considérés comme les envoyés de Dieu, et le frère portier, leur ayant dit le *Deo gratias* qui est le salut des chrétiens, les devait traiter avec les plus grands égards. Nostradamus fut donc conduit par lui, avec beaucoup de

1. *Eclaircissement des véritables quatrains de maistre Michel Nostradamus,* par Etienne Jaubert.

respect, au Père Prieur, chargé du soin de recevoir les étrangers de marque tels que les prélats, les princes et les seigneurs.

Les autres, hommes et femmes séparés, devaient s'installer dans la cour des communs, au-delà de la porte d'entrée. Pendant trois jours, le monastère les hébergeait avec une entière charité, sans rien connaître d'eux, qui étaient peut-être de grands pécheurs. Mais le passant qui entre en demandant l'abri du toit et le pain de la huche a une âme toute blanche pour qui le reçoit, et les moines, à tous ceux qui venaient, offraient un lit et une place à la table, où il y en avait toujours beaucoup d'assis.

Quelles furent les pensées de Nostradamus lorsqu'il se retrouva enfermé dans sa cellule, où les bizarres instruments d'un cabinet d'alchimiste eussent paru fort déplacés ? Son esprit devait souvent échapper à la prière.

Il avait, en toutes occasions, le plus grand soin d'assurer les gens de son dévouement à l'Église. Cependant, dès qu'il parlait, dès qu'il écrivait, on sentait bien que ses pensées étaient imprégnées d'antiquité et de paganisme [1], et l'on ne voyait guère en lui la tournure d'esprit du chrétien.

Il mena quelques jours, quelques semaines peut-être, la vie des moines. Leur règle était sévère, mais

---

1. Sa devise « *Felix ovium prior aetas* » semblait regretter les premiers âges du monde.

Le blason des Nostradamus portait au premier et quatrième de gueules à une roue brisée à huit raies, composée de deux croix potencées d'argent et au second et troisième d'or à une tête d'aigle de sable.

Histoire et Chronique de Provence, par Cæsar Nostradamus.

cela ne l'embarrassait point, car il était accoutumé d'en suivre une qui ne laissait pas de le tenir éveillé plus tard que les hommes ne le sont d'ordinaire, et de le nourrir assez médiocrement. Il se jugea donc fort bien traité avec les deux plats de légumes, les fruits, la livre de pain et l'hémine [1] de vin qui composaient l'ordinaire quotidien des moines, et n'eut point de peine à se lever quand la cloche sonna les matines, au chœur, à deux heures du matin.

Pourquoi cette retraite ?

Beaucoup de gens attribuent à Nostradamus les prophéties d'Orval.

Peut-être faut-il penser que le médecin astrologue fut effrayé en se sentant envahi à son tour par cet esprit prophétique qui avait habité tous les membres de la tribu d'Issachar, et qui lui était « transmis par ses avites » [2]. Il demanda à la paix du cloître de l'éclairer sur lui-même, de lui permettre de se recueillir et de reconnaître si l'inspiration venait de Dieu ou du diable. Du diable ! Son orgueil se révolte. Dieu seul l'inspire.

Le voici dans sa cellule. Il est possédé « d'un esprit lymphatique » qui le met hors de lui-même par « la véhémence d'une passion de mélancolie [3] ». Sa chan-

---

1. Environ 0 ¹ 93.

2. *Epître à Henri II*, par Michel Nostradamus.

3. Anciennement on nommait lymphatiques ceux qui, voyant la beauté ravissante d'une jeune fille, se trouvaient si épris de son amour qu'ils en estaient raffolés. Et parce que le premier qui avait esté remarqué dans l'antiquité frappé de ce mal s'en alla jeter dans les eaux, en les nomma lymphatiques, du mot latin lympha (eau).

Depuis, ce mot lymphatique fut employé pour signifier

delle s'effiloche en poussant une fumée rousse vers le plafond. Il n'en reste plus qu'un bout très court, car elle a brûlé toute la nuit. Il y a si longtemps que Nostradamus est là, pensif, l'esprit perdu dans les sphères supérieures, que l'aube déjà blanchit les toits de l'abbaye. Les moines glissent dans les couloirs pour se rendre à la chapelle, où ils vont chanter laudes. Mais Nostradamus ne les entend pas. Il est perdu de mélancolie. Celle-ci est si forte qu'elle devient une sorte de fureur désespérée. Il se souvient de tous les morts, et il appelle sa femme, ses enfants... Il pleure les quatre années de bonheur. Maintenant il est seul sur la terre. Seul ! Le mot sonne dans sa tête comme un glas. Nostradamus est d'une lucidité cruelle. Seul ! Jamais encore il n'a aussi bien compris qu'en cet instant, l'abîme de douleur contenu dans ce mot.

tous ceux qui se laissèrent transporter à des excès où leur esprit estait démonté, ou, pour dire plus nettement en français, tous ceux qui sont hors d'eux-mêmes par la véhémence d'une passion, ou d'amour, ou de mélancolie, ou de colère, ou d'ennui.

Tellement qu'en cet endroit, un mouvement lymphatique signifie proprement une profonde mélancolie, qui, nous séparant de toutes les choses du monde, transporte l'esprit en des pensées extravagantes soit bonnes, soit mauvaises.

Cela supposé, je dis, que l'auteur a avoué que sa retraite, solitude, veilles nocturnes, et mélancolie d'un esprit arrêté, fixe et pensif, l'ont disposé beaucoup à la réception de cette flamme divine qui cause l'esprit de vaticination et prophétie.

Et parce que souvent il passait les nuits dans cet estude, cette retraite nocturne lui causait un esprit mort aux choses du monde, et dans ce détachement des choses d'ici-bas, il sentait alors un transport divin qui l'élevait à ces hautes connaissances.

Eclaircissement des véritables quatrains de maistre Michel Nostradamus, par Etienne Jaubert.

Au loin, les moines chantent. Leurs voix monotones arrivent au médecin, et l'homme qui n'a plus de famille croit reconnaître un *De Profundis*. Alors, cette furieuse tristesse dont il est possédé le jette dans une contemplation aiguë des astres. Et, cependant que psalmodient les moines revêtus de l'ample coule blanche, Nostradamus, enfermé dans un cercle magique et l'esprit mort aux choses du monde, écrit les *Prévisions d'un Solitaire*, qui sont les prédictions que certains appellent « d'Orval », et que d'autres attribuent à Olivarius [1], médecin astrologue.

Mais Nostradamus semble avoir reçu l'avertissement que le Seigneur n'agréait pas sa retraite.

Le haut Dieu, écrit-il, met un mur de feu qui obscurcit mon entendement, et je n'y vois plus.

Dieu ne lui révéla-t-il pas qu'il le voulait dans le monde, et acceptait à sa place, en religion, l'un des fils qui naîtraient de lui ? [2]

Quoi qu'il en soit, il quitte Orval — il est âgé de

---

1. Il intitule ses prédictions *Prévisions d'un Solitaire*, car il est seul (solus), ou solitaire parce qu'il est veuf et dans la solitude morale.

Dans ses centuries, plus tard il nommera les prêtres et les religieux « les seuls ».

L'abbé, au lieu de jeter les Prévisions au feu, les conserva en l'abbaye, et c'est là qu'on les trouva en 1792.

Olivarius aurait pu être un surnom qu'il aurait adopté ou qu'on lui aurait attribué. Nostradamus, médecin astrologue, ne vient-il pas du fond de la Provence, pays des oliviers ?

La première prophétie daterait de 1542.

(Ouvrages divers de Torné-Chavigny sur Nostradamus).

2. Son troisième fils, André, se fit en effet capucin.

quarante ans environ. Il a résolu de s'établir à Marseille, cité riche et peuplée, par conséquent propre à lui permettre d'exercer utilement ses talents, et nous le retrouvons, en 1544, dans cette ville, où il est de nouveau fort occupé de la peste qu'il étudie sous la direction du célèbre médecin Louis Serres, « un autre Hippocrate, dit-il, sur les pronostics ».

La peste est pour lui une vieille connaissance et, une fois de plus, il se penche sur elle avec curiosité. Elle a été introduite à Marseille par une petite quantité de marchandises de contrebande, distribuées furtivement, et le « venin pestilentiel » répandu dans la ville a gagné toute la Provence, et infecté une quantité considérable de blé et de marchandises.

Les deux médecins s'affairent au chevet des contagieux. Ils discutent longuement. Nostradamus rapporte les remarques qu'il a faites lors de la dernière épidémie, et la façon dont il a guéri les gens. Cette fois le venin lui semble fort particulier. Il épaissit le sang, il est âcre et sort de la peau en pustules charbonneuses. Il provoque des gangrènes, et les malades, tout secoués par la fièvre, pourrissent dans leur lit. Les médecins s'étonnent de sentir le pouls si faible sous leur doigt. Ils se consultent, hésitant à faire avaler la moindre purge, car les plus douces, telles que la rhubarbe, la manne et la casse, données à toutes petites doses, agissent avec tant de vivacité qu'elles vont parfois jusqu'à la mort [1].

Les convalescents de l'un et l'autre sexe sont portés à l'amour avec fureur. Nostradamus semble entré dans un lieu infernal où seraient déchaînées toutes les

____

1. Dissertation sur la peste en Provence, par M. A...

forces de la nature. Ou l'on meurt, ou l'on aime. Les gens de Provence n'ont plus d'autres occupations. Ici l'on se tord sur un matelas que la fièvre fait brûler. Deux pas plus loin, l'on s'étreint en grinçant des dents. La mort est passée, il faut refaire de la vie. Les visages, d'où les chairs se sont retirées, brûlent de désir. Des corps marqués des cicatrices de leurs plaies appellent des caresses, et l'on voit trébucher des malades sur qui se referment voracement des bras qui ne sont plus que des os. Jamais les filles de joie n'ont eu tant de clients, et la plus sage bourgeoise sent courir dans ses veines un feu dévorant qui est le péché même de la concupiscence.

Nostradamus passe au milieu d'eux. Pour atteindre les mourants, il écarte les couples. L'amour ne lui fait pas envie, et il n'éprouve point de peur de la mort. Il l'a tant de fois serrée entre ses bras sous la forme d'un corps fléchissant ! Il arrive, et tous se pressent vers lui. Ceux qui ne peuvent plus marcher se traînent. Les mourants meurent la tête tournée de son côté. Les mains se tendent, les torses se bousculent. Nostradamus distribue de l'or ! Il en donne aussi chez lui, et chacun de ceux qui viennent le consulter repart avec une pièce d'or. Comment fait-il ? Plusieurs auteurs du temps affirment le fait, mais on a peine à les croire. Il lui faudrait une fortune pour contenter tous ses clients ! Du matin au soir, la maison est pleine de monde. Or il n'est pas riche. Il gagne honorablement sa vie en pratiquant la médecine. A-t-il découvert le secret de fabriquer de l'or, ou rapporté dans ses bagages quelque mystérieux trésor ?

Au milieu de cette furie générale qui porte les uns à l'amour et les autres à la mort, Nostradamus con-

serve tout son calme, comme s'il était lui-même en
dehors du monde, indifférent à ses passions, et sûr
de son destin. Chaque soir, il ajoute quelques lignes
au journal de voyage où il a pris soin de noter, outre
ses observations sur la médecine, des réflexions touchant ses confrères et les pharmaciens des villes où
il passe.

A Marseille, les médecins sont mauvais, écrit-il, et
les pharmaciens ne valent guère mieux. Cependant
il a eu la chance d'en rencontrer un que l'on nomme
Louis-René, qui est un homme de science et de talent.
Cela le console de la médiocrité des autres.

Quelques cures merveilleuses portent au loin sa
réputation, mais accroissent parmi les médecins
jaloux le nombre de ses ennemis. Jean-Antoine Sarrazin, qui a appris la prédiction des deux petits cochons,
l'accuse de s'adonner à la magie blanche. Nostradamus n'a-t-il pas, d'ailleurs, déclaré, à Toulouse et
à Bordeaux, devant plusieurs savants distingués que,
pour guérir, il fallait non seulement posséder la science
médicale, mais encore les éléments des mathématiques
et de l'astrologie judiciaire ?

On commence à le traiter de fou, de visionnaire et
de magicien. Nostradamus ne s'émeut pas encore de
ces attaques, et continue de relater ses observations
avec une grande humilité. « Suis pêcheur plus grand
que nul de ce monde, subjet à toutes humaines afflic-
tions », écrit-il.

Et pendant ce temps, la pluie fouette son carreau.
Nous sommes en novembre 1544. Depuis huit jours
et huit nuits, l'eau, sans relâche, tombe du ciel. La
Provence est submergée. Cela fait une manière de
petit déluge, qu'on appelle le déluge de Saint-Martin.

Les habitants, tout étonnés, n'osent plus mettre le pied dehors. Dans la campagne inondée, on ne voit plus que le toit des métairies. Les lits des paysans, leurs coffres, leurs habits, sortent par les fenêtres. Les bêtes, le ventre gonflé comme une outre et les quatre pattes raides, flottent sur les eaux, et des êtres appellent au secours dans le rideau de pluie qui rend les hommes aveugles et sourds. Le Rhône est devenu furieux, il a envahi toute la Camargue aux beaux troupeaux cornus. Il roule des eaux limoneuses qui se précipitent en mugissant à l'assaut des villes, font éclater les portes de leurs enceintes fortifiées, abattent les maisons, ébranlent les édifices. Tarascon est en péril, et l'on raconte des choses effrayantes sur Avignon. Le fleuve s'y est rué, renversant deux cents cannes [1] de murailles, du côté des Frères Prêcheurs. Les églises des Augustins, des Carmes et des Cordeliers se sont ouvertes et l'on en a vu sortir les corps morts, qui nagent maintenant sur les eaux, comme de petites barques. Les religieuses de Sainte-Claire ont été enlevées de leur couvent et portées sur des bateaux que venaient battre les cercueils béants. Tout le peuple a fui vers la Roque de Dom. Le pays ressemble à un lac fangeux aux eaux lourdes et noires, et l'on peut aller en bateau de Château-Renard à Eyragues et à Saint-Remy.

Nostradamus, sollicité par les notables, songe à se fixer définitivement à Marseille, dont la nombreuse population est pour lui un magnifique champ d'expériences, lorsque, en 1546, une députation du Comité

---

1. La canne était une mesure romaine de longueur dont on se servait encore en plusieurs villes de France.

de la ville d'Aix se présente chez lui. Les cures merveilleuses qu'il a opérées ont porté au loin sa réputation, et la communauté d'Aix le prie instamment de venir arrêter les progrès de la peste qui règne en la ville depuis le dernier jour de mai.

L'épidémie, provoquée par la corruption des eaux stagnantes, a emporté la plus grande partie des habitants. Le Parlement, réduit a une seule Chambre par le décès de la plupart de ses membres, s'est retiré à Pertuis. De savants médecins ont été appelés. Les uns sont morts de la peste, les autres ont laissé mourir. Les troisièmes se sont sauvés [1]. Après une grande délibération solennelle, les édiles de la ville d'Aix ont décidé, à l'unanimité, de demander au docteur Nostradamus de venir au secours de la cité et de combattre ce qu'on appelle « le charbon provençal », car ceux qui en sont atteints deviennent noirs comme le charbon.

Déjà Nostradamus prépare ses poudres, jette dans un sac ses instruments, fait seller sa mule. Il n'est pas ému. Il a confiance en ses remèdes, et se montre certain que le mal n'osera pas s'attaquer à lui.

Aix-en-Provence offre l'aspect même de la mort.

Il y a près de deux cents jours que la peste y est enfermée avec ses habitants [2]. Les rues sont velues, sauvages, pleines d'herbe entre les pavés. Tout est vide, désert. Il n'y a plus de Parlement, de justice, et le pas des prêtres est seul à résonner dans les temples, où l'on ne voit plus de fidèles. Les boutiques

---

1. *Histoire et Chronique de Provence*, par César Nostradamus. Lyon, 1614.
2. La peste dura neuf mois.

ont clos leurs volets. Les marchandises accumulées dans les magasins des riches bourgeois pourrissent dans leurs sacs, ou bien se font manger par les vers. On ne songe plus à juger son prochain, ni à gagner de l'argent en lui vendant ce que l'on a chez soi, ni même à sauver son âme en priant. On n'est plus occupé qu'à mourir.

Tous ceux qui l'ont pu ont fui la ville. Nostradamus voit des maisons abandonnées. Beaucoup ont leurs portes ouvertes et laissent apercevoir les lits défaits, les coffres béants et l'âtre encore plein de cendres. Les cours des plus beaux hôtels sont désertes. L'on trouve des charognes de chevaux encore tout sellés, attachés à l'anneau des murs. Des coursiers ardents ont rongé leur râtelier avant de crever à l'écurie. Les oiseaux chanteurs des cages accrochées aux fenêtres sont morts à côté de leurs mangeoires vides, et partout les fleurs ont séché dans les pots. De temps à autre, un chien squelettique dévore des ordures.

Nostradamus avance. Il cherche les malades. Les gens qu'il rencontre sont hébétés et stupides. Les plus vigoureux se croient déjà atteints par l'épidémie. Les enfants sont éperdus, et les vieillards se troublent.

Mais voici qu'une femme appelle Nostradamus d'une fenêtre. Elle est horriblement défigurée et noire de peste. Elle a chassé de son cœur tout espoir de salut, tiré le drap de son lit, et elle se coud dedans en commençant par les pieds. Mais la mort arrête sa main avant qu'elle ait terminé son travail, et les « alarbres [1] » qui arrivent en sa maison, derrière

---

1. Nom provençal de ceux qui portent et ensevelissent les pestiférés.

le docteur, la trouvent couchée au milieu de sa chambre, avec son linceul à demi-cousu sur sa personne.

Nostradamus en demeure étonné, mais il remarque bientôt que c'est la façon de mourir des dames d'Aix, qui sont fort prudes, et soucieuses, jusqu'en leurs derniers instants, de n'être pas vues dans leur nudité. Et puis il y a tant de cadavres à ensevelir ! Ne faut-il pas aider, dans la mesure de ses moyens, ces pauvres fossoyeurs surmenés ? La contagion est si violente et si maligne, que tous ceux qui se trouvent à cinq pas d'un pestiféré deviennent charbonneux et meurent au bout d'une semaine. Chaque jour on jette dehors les pestiférés, et le lendemain il y en a plus que la veille [1].

Les malades tombent en frénésie, ou bien des taches noires leur couvrent tout le corps, et la mort est si prompte qu'elle les surprend à table, le morceau à la bouche, sans laisser le temps aux prêtres de les administrer. De la sorte, tous ceux qui ne sont pas encore atteints de la peste se considèrent comme aussi irrémédiablement perdus que les malades. Le père ne fait plus de cas de son fils, et la plus belle santé n'inspire que larmes et regrets. Aucun remède n'est capable de guérir. Les saignées, les médicaments cordiaux demeurent impuissants, et l'on meurt dans les tortures les plus affreuses. Beaucoup de femmes, pour y échapper, se jettent par la fenêtre ou dans leur puits.

Nostradamus entre dans les hôpitaux. Là, c'est ce que l'on peut imaginer de plus atroce. Même si la peste ne sévissait pas, ce serait un lieu d'horreur. Les lits branlent entre leurs bois disjoints. Ils sont faits

_____

1. *Histoire et Chronique de Provence*, par César Nostradamus

pour deux personnes, mais on en a mis six, trois à la
tête, trois aux pieds, qui doivent toujours rester
sur le flanc, jamais sur le dos, car il n'ont pas la place
de bouger, et, dans leurs moindres mouvements, se
cognent, se pincent s'écorchent, en laissant échapper
de dessous leurs gros draps trempés de sueur des
odeurs fétides, infectes. On les a entassés là sans
distinction d'âge ni de sexe. Et ils mêlent leurs maux
affreux et différents, leurs fièvres, leurs abcès, leur
tuberculose ou leur syphilis, se soufflant bouche à
bouche leurs haleines puantes, bavant, souffrant,
geignant, hurlant en tas, et en venant à se haïr d'une
si grande colère qu'on en trouve parfois d'étranglés.

Des pansements jaunâtres traînent dans la boue
du plancher avec les épluchures, les flaques d'eau sale
et les déjections des malades. Les vases d'étain ou de
plomb qu'on approche de leurs lèvres ne sont jamais
récurés, et leur vue seule, avec l'odeur qui s'en dégage,
donne l'envie de vomir. Une sueur aigre colle les uns aux
autres tous ces corps entassés que recouvrent les draps.
De temps en temps, on ouvre les lits et on les secoue
dans la salle même, au milieu des malades. La misère de
ces malheureux est encore accrue par le spectacle des
opérations et des dissections qui se font sur place,
à côté d'eux. Ils assistent aux effrayants préparatifs,
entendent craquer les os du patient, voient avec
épouvante dépecer le cadavre d'un homme que, souvent, ils ont eu dans leur lit.

Tel est — pour n'en voir que le moins répugnant —
l'état d'un hôpital en temps ordinaire. Quand sévit
la peste, l'horreur s'en accroît encore, et, pour celle
d'Aix, Nostradamus pense bien n'avoir jamais rien
contemplé d'aussi épouvantable.

Beaucoup de gens ont le charbon derrière l'épaule et devant la mamelle. Pendant deux jours et deux nuits, sans arrêt, ils saignent du nez avant de mourir. Et, cependant qu'ils perdent ainsi leurs dernières forces, les frénétiques se tordent dans leur dos en hurlant de douleur et renversent le bassin plein de sang qui se coagule sur les draps, poisse les membres des malades, rend leur linge encore un peu plus infect. En même temps, des femmes avortent dans toute cette ordure. D'autres sont saignées, crachent dans le linge, ou bien reçoivent leur lavement.

Et tous meurent, les frénétiques à côté de ceux dont le corps est moucheté de taches noires, la femme dont la peste a hâté la délivrance, et l'enfant lui-même, qui est devenu tout violet.

Tel est le lieu infernal où Nostradamus vient de pénétrer. Il y reste plusieurs heures enfermé avec les malades, afin d'étudier sur eux les effets de la peste. Quand il a achevé de se convaincre que la contagion se trouve répandue dans l'air, il prescrit une poudre de senteur qu'il a inventée et qui est, de son propre aveu, fort excellente, mais ne se peut faire qu'une fois l'an. En voici la composition, telle que Nostradamus lui-même la donne dans le chapitre VIII de son « Excellent et moult utile opuscule, à tous nécessaire qui désirent avoir connaissance de plusieurs exquises recoptes ».

« Prenez de la sciure ou le rament du bois de cyprès le plus vert que vous pourrez trouver, une once ; de irîs de Provence, six onces ; de girofles, trois onces ; calami odorati, trois dragmes ; ligni aloes, six dragmes.

Faites le tout mettre en poudre, et qu'il ne s'évente.

Et puis prenez des roses rouges incarnées trois ou quatre cents qui soient bien mondées toutes fraîches, et cueillies avant la rosée, et les ferez fort piller et mettre dedans la poudre.

Quant le tout sera bien meslé, faites-en de petites balottes [1] plates faites en la mode de trocisques [2] et les faites sécher à l'ombre. Et notez que ceste composition se fait après savon muscat, poudre de violettes, etc.

Hormis la bonté et odeur que ceste composition rend aux choses, si est ce que vous en portiez à la bouche, elle vous la rendra tout le jour d'une merveilleuse odeur ; ou si la bouche était puante ou par les dents corrompues ou par mauvaises vapeurs sortants de l'estomach ou qui aurait quelque ulcère puante en sa personne ou bien quelque cas étrange, en tenir en peu à la bouche et en temps de peste s'en servir souvent ; car ne se peut trouver odeur qui plustost déchasse le mauvais et pestiféré air. »

Nostradamus surveille la préparation du remède, exécuté par l'apothicaire « pur et sincère » Joseph Turel Mercurin, et tous ceux qui en prennent sont préservés de la peste, alors que les autres meurent immanquablement.

Le miracle de la guérison se renouvelle. Nostradamus voit les gens se jeter à ses genoux. Ils lui baisent les mains, l'appellent leur sauveur, lui jurent une reconnaissance qui n'aura de fin qu'avec leur propre

---

1. Pilules.

2. Terme de pharmacie qui désigne une composition sèche dont les principaux médicaments sont mis en poudre fort subtile. Puis, étant incorporés avec quelque liqueur, sont réduits en une masse dont on fait de petits pains qu'on fait sécher à l'air, loin du feu et à l'ombre. On fait des trochisques purgatifs, des apéritifs, des confortatifs et des altératifs. (Dictionnaire de Trévoux).

trépas. On ne parle plus que de lui, des artistes peignent son portrait. La Ville reconnaissante lui vote des remerciements et une très forte pension annuelle qui lui sera servie jusqu'au dernier de ses jours, et les notables lui offrent de riches présents. Mais, cette fois encore, il en distribue la plus grande partie aux veuves et aux orphelins de la cité, que la peste a rendus très nombreux.

CHAPITRE V

LES NUITS DU DOCTEUR

Sa réputation s'accroît toujours et le fait bientôt appeler à Salon par les consuls qui gouvernent la petite ville et désirent lui soumettre certains cas de contagion qui se sont déclarés à la suite de la dernière inondation, et où ils croient reconnaître la peste.

Nostradamus les rassure, et leur donne des conseils propres à les préserver de l'épidémie. D'ailleurs, leur cité est bien aérée, et jouit d'un climat très sain. Salon est alors le pays le plus sec que l'on puisse imaginer. Pas un filet d'eau n'abreuve sa terre sablonneuse. Une herbe rare pousse sur les roches, le moindre pas soulève des nuages de poussière, et c'est miracle quand, à force de seaux d'eau, l'habitant parvient à y faire pousser quelque maigre légume dur à la dent et tout jauni par le soleil. Aussi fut-ce un spectacle assez singulier que de voir, en 1544, lors du déluge de Saint-Martin, cet endroit aride inondé jusque dans les caves et les celliers de ses maisons, et une chose assez plaisante que d'entendre les mêmes gens qui, jusqu'alors, soupiraient après l'humidité, se lamenter à cause de l'eau qui avait gâté leurs vins et leurs huiles « encuvez dedans des tonneaux qui furent défoncés dans les caves par l'abondance des eaux ». La perte les chagrinait extrêmement. Ce vin provenait de leurs vignes, et cette huile de leurs champs. De ces champs, il y en a tout autour de Salon, car l'olivier se plaît fort en cette sécheresse où meurent les graines potagères, et partout l'on voit tourner des moulins dont les grosses meules écrasent les panerées d'olives qui deviennent alors cette huile parfumée que les gens gardent chez eux dans de grandes jarres de terre blonde.

Et les cigales font chanter les oliviers, cependant que l'eau mousse aux barrages des moulins.

Nostradamus est à peine installé à Salon qu'une délégation d'habitants de la ville de Lyon se présente à lui. Une peste semblable à celle d'Aix vient de se déclarer en leur ville, et ils supplient le savant médecin de les secourir.

Nostradamus se rend aussitôt à Lyon. Mais l'un des médecins les plus réputés de cette ville, un nommé Antoine Sarrazin, prétend arrêter seul les progrès de la contagion. Nostradamus lui fait part, avec modestie, des observations qu'il a recueillies à Aix, et l'engage doucement à suivre une autre méthode. Antoine Sarrazin est fort entêté de la sienne et ne veut rien entendre. Il tue ou laisse mourir tous ceux qu'il soigne. Un tel spectacle afflige Nostradamus, et il guérit en cachette les pestiférés qui viennent le trouver.

Cependant les Lyonnais commencent de murmurer contre le médecin ignorant et vaniteux qui ne sait que les envoyer au cercueil. Ils se rendent chez Nostradamus, se jettent à ses pieds et le supplient à grands cris de ne pas les abandonner. « Je veux bien vous secourir, répond-il, mais laissez-moi expérimenter à ma manière. J'honore beaucoup le célèbre docteur Antoine Sarrazin, mon collègue. Mais comme mes remèdes diffèrent des siens, je désire que vous choisissiez celui qui doit rester médecin de votre ville et que vous optiez à l'instant même pour l'un ou pour l'autre, pour moi ou pour Sarrazin. » Alors toute la députation de s'écrier : « C'est le docteur Nostradamus que nous choisissons ! le libérateur de la ville d'Aix ! »[1]

Nostradamus se met à l'œuvre, secondé par l'apothicaire René Hépilierverd, qui remplit son office « en homme de bien ». Un mois plus tard, vers le milieu de 1547, le fléau est vaincu. Le médecin astrologue comblé d'honneurs, s'en retourne triomphalement à Salon. On voit alors les gens se précipiter hors de leurs maisons pour aller à sa rencontre. Le docteur rapporte avec lui un important bagage, car les Lyonnais reconnaissants lui ont offert de riches présents qu'on entend brinqueballer dans les coffres, aux cahots de la route. Et les autorités de la ville de Lyon ont tenu à l'accompagner jusqu'à sa demeure.

Le bon accueil qu'il reçoit des Salonais le décide à se fixer dans leur petite ville, dont la situation

---

1. *Les Oracles de Michel de Nostredame*, par Anatole Le Pelletier.

S'il n'y a pas erreur sur le nom du médecin de Lyon de la part de Le Pelletier, cet Antoine Sarrazin ne peut être qu'un homonyme du célèbre Jean-Antoine Sarrazin qui, d'après Astruc, ne passa son baccalauréat à Montpellier qu'en 1565, c'est-à-dire vingt ans après l'épidémie de Lyon où il aurait rencontré Nostradamus.

l'enchante. De là, sa mule gagnera facilement Aix, Arles, Marseille, Avignon. Il sera donc tout près de ses clients, mais non chez eux, ce qui est fort bien, car l'absence conserve la réputation, si elle ne l'augmente pas.

Puis des amis lui présentent une demoiselle fort riche et de très bonne famille, Anne Ponsart Gemelle, veuve de Jean Beaulme. Ce sera une union raisonnable, calme, sage, où l'amour aura néanmoins sa part, et qui tirera Nostradamus de la solitude. Le médecin ambulant est las de marcher sur les routes, et de coucher à l'auberge. Nanti d'une épouse, il aura bon feu, bon gîte et bonne soupe, sans compter qu'il est plus convenable, quand on reste dans le monde, de le faire en l'état du mariage qu'en celui du célibat, qui est un état où le diable trouve mille occasions de vous pousser au péché. Nostradamus se décide donc à prendre femme une seconde fois. Le contrat est signé le 11 novembre 1547, par devant maître Etienne Hozier, notaire à Salon. Et nous le retrouvons installé dans une maison du quartier Ferreiroux, que domine le vieux château féodal planté sur un rocher abrupt, où il déploie un grand appareil de tours et de créneaux.

La rue où donne la maison de Nostradamus est étroite et noire, ce qui plonge dans une quasi-obscurité l'escalier en spirale, éclairé d'une fenêtre à croisillons, qui mène au cabinet que le docteur s'est installé tout en haut, sous le toit. Et là, de quel beau jour éclatant l'on serait inondé si Nostradamus n'avait fait poser des vitraux à sa fenêtre — car les hommes de la Renaissance ne veulent regarder la lumière du ciel qu'à travers la couleur trompeuse d'une image coulée dans du verre.

Mais les objets mystérieux enfermés dans le cabinet du docteur ont-ils besoin de tant de clarté ?

C'est un lieu fort propre à l'étude que cette chambre perchée tout en haut de la maison, dont elle n'entend pas les bruits. La servante peut remuer ses chaudrons, et la dame faire aller et venir la pédale de bois de son rouet sans que le maître studieux en soit importuné.

Nostradamus passe la plus grande partie de son temps retiré en ce cabinet silencieux. Il a maintenant des loisirs, car l'air de Salon est si excellent que peu de gens recourent au médecin. En outre, le futur prophète est devenu riche. Il en profite pour se livrer à ses études favorites.

Il possède une belle collection de livres [1], d'ailleurs mal reliés et mal couverts, et s'absorbe en des lectures qui lui prennent toutes ses journées, et souvent une bonne partie de ses nuits. Sur la table de travail, au milieu des livres, de l'encrier, de la plume, du couteau et des parchemins vierges destinés aux pactes, une tête de mort regarde le savant pensif, et le maintient dans l'état d'humilité qui est le seul état où l'homme se puisse concilier Dieu. Les bocaux et flacons contenant les produits nécessaires aux combinaisons et mélanges du grand œuvre s'alignent sur des planchettes. Dans une cassolette brûle le parfum de menthe et de palma-Christi qui chasse les mauvais esprits et les fantômes nuisibles. Partout l'on voit, tracés sur

1. Sur un Lucain ayant appartenu à Nostradamus, on lit : « *Ex libris Michaeli Nostradami et Amicorum* ».

Nostradamus possédait un recueil manuscrit des lettres du roi René.

le sol et sur les murs, des devises hébraïques et des cercles géotiques. Le miroir magique projette dans la pièce une brutale clarté d'acier. Enfin l'astrolabe, le sablier, la balance, le pentacorde, la sphère armillaire et un vaste fauteuil complètent l'ameublement de ce cabinet installé selon les règles des rituels hermétiques.

Le lieu est secret. Nul ne peut y pénétrer, et le docteur, sans doute, en emporte la clef quand il s'en absente, ce qui ne doit pas laisser d'exciter la curiosité de dame son épouse. Nostradamus, maintenant qu'il est pourvu d'un bon logis et que le besoin de gagner sa vie au jour le jour a fini de le talonner, ne se contente plus de l'étude de la seule médecine. Il s'occupe de sciences plus mystérieuses, et s'il était permis de fouiller dans son cabinet, on y découvrirait l'athanor alchimique, l'œuf philosophique, les creusets et l'alambic de Porta, cachés sous la hotte de la cheminée. Il doit aussi resserrer en un lieu secret, connu de lui seul — car c'est un homme prudent — la fontaine où le magicien est tenu de se purifier quotidiennement, la baguette divinatoire qui commande aux esprits, et l'autel aux pentacles et aux exorcismes évocateurs, tous objets un peu sorciers, dont un médecin astrologue n'a que faire, mais indispensables à qui se mêle de magie [1],

Or telle est bien l'occupation secrète de Nostradamus, encore qu'il s'en défende avec une grande vivacité, quand le sommeil a éteint les feux de la petite ville et que, seul, il veille, tout en haut de sa maison, sans que nul puisse voir à quelles pratiques mystérieuses et cabalistiques il se livre.

1. D'après les ouvrages d'Henry Khunrath.

Cependant la fumée des cassolettes continue de monter vers les poutres du plafond... et Nostradamus, toujours, a les yeux fixés sur la tête de mort. Il songe. Ses noces viennent d'être célébrées. Il a reconstruit un foyer. Depuis douze ans que sa femme et ses enfants ont été mis au cercueil, son chagrin s'est atténué. Les défunts ont pâli dans son souvenir. Mais en ce moment-ci il les revoit avec une netteté singulière. Pour la troisième fois Nostradamus a fécondé le sein d'une femme, et il se met à compter, cherchant quel âge auraient les deux petits quand naîtra le nouveau venu. Il va, de nouveau, entendre chanter les berceuses qui naguère endormaient ses deux enfants... L'air se scande dans sa tête... A chaque parole, le petit lit secoué par la remueuse fera un grand bruit sur le plancher... Nostradamus composera des pommades pour adoucir les feux des premières dents, et des confitures qui rafraîchiront les nourrissons et leur feront l'haleine parfumée. Il compare en sa pensée les charmes les plus secrets de ses deux épouses,et à se souvenir de l'ardeur amoureuse qui l'a porté au lit de la première, il sent mieux combien il a vieilli. Quarante-cinq ans ! Bientôt sa fille morte eût été en âge de se marier. Son fils se préparerait à aborder ses humanités.

Que de choses a contemplées Nostradamus, depuis l'horrible catastrophe qui l'a jeté, tout pantelant, au grand chemin ! Que de pays traversés, d'hommes illustres entretenus, d'expérience acquise ! Que de mystères dévoilés, et combien il a fait de progrès dans les sciences humaines et divines !

Mais le monde, lui aussi, s'est transformé. Déjà il ne ressemble plus à ce qu'il était dix ans plus tôt. Nos-

tradamus a vu grandir et se propager le luthéranisme.
Il y a une religion de plus sur la terre, et les hommes
ont une raison nouvelle pour se haïr les uns les autres
et s'abandonner à leurs plus féroces instincts. Les
règnes succèdent aux règnes. François Ier vient de
s'éteindre à Rambouillet. Sa fin fut étrange, et Nostradamus y arrête son esprit.

Henry VIII d'Angleterre étant mort fin janvier, François Ier, considérant les nécessaires accidents de la nature
humaine, se prit à penser que, puisqu'il était de même
âge et de même complexion que le roi d'Angleterre, quoique
de différente humeur et respect envers le Saint-Siège,
l'heure de son départ ne devait pas être éloignée. Une
profonde mélancolie occupa son esprit. Une fièvre lente
saisit son corps, et, pour chasser l'une et l'autre, on tâcha
de le réjouir et le faire récréer par tous les lieux de plai-
sance autour de Paris [1].

Mais, quelques soins que l'on prît, il mourut en
mars 1547, à l'âge de cinquante-trois ans, après
trente-trois années de règne. Henri, son fils, lui a succédé.

De tous ces événements, le luthéranisme est celui
qui affecte le plus Nostradamus.

L'hérésie commence de mettre le royaume à feu
et à sang, et Salon ne semble pas devoir échapper à
la contagion d'un mal dont le docteur juge les effets
plus redoutables que toutes les pestes du monde. Déjà
la nouvelle doctrine s'est glissée dans le sein de la
noblesse et de la bourgeoisie et y a jeté son venin.

1. *Histoire chronologique de Provence*, livre X, par Honoré
Bouche.

Ces huguenots de fraîche date prétendent justifier leur conversion en disant que les Cordeliers et les moines de la collégiale de Saint-Laurent-de-Salon sont ivrognes et débauchés. D'où ils ont tiré prétexte à se scandaliser et à se réfugier dans le giron d'une Église qui promet des mœurs pures.

Le voisinage des Vaudois, fixés depuis longtemps sur les bords de la Durance, et en particulier à Mérindol, Lourmarin et Cabrières d'Aigues, n'est pas non plus étranger à ces conversions que Nostradamus déplore amèrement, car il sait fort bien qu'elles ne vont pas tarder à faire éclater de ces querelles religieuses où les plus innocents se voient souvent compromis et en péril de perdre la richesse ou la vie, quand ce n'est point les deux ensemble. Déjà la petite ville est tout en effervescence. Aux quolibets contre les Juifs, traités de « retaillons »[1] se mêlent maintenant les cris de : « Mort aux luthériens ! » On s'injurie quand on se rencontre, on se pend même à l'occasion, à moins que l'on ne se poignarde bien traîtreusement au coin de la rue ou dans l'ombre du porche.

Un tel bruit, un tel échauffement des sens et de la raison sont bien déplaisants pour un homme adonné aux pratiques supérieures de la science, et Nostradamus en éprouve tout ensemble de l'inquiétude et de l'humeur. Aussi n'est-il pas toujours disposé à répondre aux nombreux visiteurs qui envahissent quotidiennement sa maison.

1. Le Parlement, en 1542, dut rendre un édit interdisant cette appellation et condamnant les autres tracasseries et persécutions que le peuple infligeait encore aux Juifs, même convertis.

Sa réputation, en effet, attire à Salon les notables de toute la Provence, et jamais encore la petite ville n'a vu si riche et si nombreuse compagnie. On vient même de très loin pour le consulter et, en 1549, il ordonne à « la signora Benedetta, sœur du marquis de Finat », qui habite Savone, une confiture de pignons qu'il appelle « pignolat en roche », et dont il nous a légué la composition dans le chapitre XXVI de ses *Receptes*.

Aussi trouve-t-on les aubergistes tout affairés et tout joyeux. Ils se frottent les mains, font courir les servantes, commandent des tonneaux de vin, des jarres d'olives, achètent des lits, des assiettes, des gobelets, des draps. Tous les rouets ronflent pour leur en tisser. Quand elles ne filent point, les femmes regardent par les petits carreaux de leur maison afin de voir passer les riches étrangers qui se rendent chez le docteur Nostradamus. Elles s'émerveillent des costumes, des harnais, des serviteurs, et recommandent à leurs enfants de ne pas rouler sous les attelages ou se faire aplatir au coin d'une ruelle par quelque croupe de cheval, car l'on n'est plus en sûreté dans la petite ville, maintenant qu'il y passe tant de voyageurs.

Cependant les médecins des alentours sont jaloux d'une telle popularité, et pour diminuer leur trop heureux confrère dans l'esprit des gens, le disent possédé du diable. Ils le donnent pour un ennemi secret de la religion catholique et le traitent de sorcier. Leurs propos envenimés émeuvent la populace de Salon, et Nostradamus voit les visages se rembrunir devant lui. Il est fort affecté de la trahison de ses anciens amis, et prend une humeur taciturne qui le pousse à s'enfermer de plus en plus dans son cabinet pour y

vivre loin des hommes. Ceux qui l'entourent ne sont
que méchanceté et que vices. Il se plaint amèrement
de l'ignorance, de la barbarie et de la brutalité de la
plupart de ses concitoyens [1], et restreint le cercle de
ses amis.

Parmi ceux qui lui sont demeurés fidèles et qu'il
voit avec plaisir, nous trouvons Guillaume de Craponne, établi « mercator », c'est-à-dire marchand en
gros, à Salon, depuis 1521. Ce Guillaume est un
homme hardi et riche, qui ne se borne pas à vendre
les marchandises de sa boutique ; associé à son beau-
frère Louis de March, il fait construire un bateau
pour le commerce du Levant, et présentement rien ne
l'intéresse de ce qui n'est pas une voile, une coque ou
un mât. Nostradamus se plaît en la compagnie de ce
bon commerçant, mais goûte plus particulièrement
celle de son fils Adam, jeune ingénieur dont les con-
ceptions hardies l'enchantent.

Le jeune homme déplore avec lui la sécheresse d'un
climat qui fait de Salon la ville du royaume de France
la plus aride et la plus dénudée. N'est-il pas regret-
table d'être privés de ces beaux légumes qui sont la
gloire des jardins en même temps que la plus grande

---

1. « Ici (à Salon) où je fais ma résidence, je suis logé pour
la faculté de quoi je fais ma profession, entre bestes brutes et
gens barbares, ennemis mortels de belles-lettres et de mémo-
rable érudition. »

Cet extrait semblerait prouver que Nostradamus était logé
gratuitement par la Ville ou touchait une indemnité de loge-
ment. Nous n'en avons trouvé nulle part confirmation.

La maison de Nostradamus se voit encore à Salon, place
de la Poissonnerie, dans une impasse. Elle était, au XVIe siècle,
située entre le moulin d'Etienne Lassalle et la maison de Juanete
Taxier.

ressource des honnêtes gens ? Et les pauvres laveuses
qui vous bousculent avec leurs gros ballots de linge,
où leur faut-il aller, mon Dieu, pour trouver de quoi
humecter le fond d'un baquet ? Enfin, les jours de
mistral, c'est pitié que de voir tous les Salonais
s'essuyer les yeux avec les pans de leurs robes ou les
manches de leurs pourpoints, et pleurer à la brûlure
du sable que le grand vent leur fait manger à pleines
poignées qui craquent sous leurs dents.

Oui, tous ils sont là, les pieds blancs de poussière,
éternuants, aveuglés, suffoqués par la rue que le
mistral soulève en poudre pour la jeter à la face du
soleil, et que respire dame Anne Ponsart quand elle
s'en va, accompagnée de sa servante, acheter quelque
volaille maigre au marché qui se tient tous les lundis
dans les faubourgs, hors des murailles de la ville.
Tous, les nombreux notaires qui attendent le client
avec leur écritoire pendue à la ceinture, sur la place
des Arbres ou sur la place des Féligouliers, les Juifs
gesticuleurs dont les mouvements agitent le cercle de
couleur, de la taille d'un gros d'argent, qu'ils portent
sur leur robe [1] ; les prêtres enfin qui accompagnent
les jeunes gens de bonne famille dont ils instruisent
l'esprit, et tout le menu peuple de la rue que coudoient
Nostradamus et son ami, à chaque pas.

Or donc, le médecin et l'ingénieur se soucient
extrêmement de ce manque d'eau, et Adam de Craponne imagine tout un système pour en donner à sa

---

1. Ils jouissaient néanmoins de tous les droits des autres
citoyens et avaient de nombreuses possessions dans la ville et
son terroir.

La ville de Salon au moyen-âge, par Brun.

petite ville. Il fait des calculs, trace des plans, décrit
des cercles, agite les bras, désigne des points de la
campagne. Et Nostradamus l'écoute d'un air attentif,
puis, à son tour, prend la parole. Les deux hommes
traversent la cité, passent contre le rempart, dans le
quartier des Juifs, qui forme comme une petite ville
dans la ville, car il a une synagogue, une boucherie,
un moulin avec une aire, un four, un établissement
de bains, s'engagent dans des rues noires où le chau-
dronnier et le maréchal-ferrant [1] frappent le métal,
arpentent la campagne du côté de Canourgues. Le
médecin est tout échauffé par le vaste projet de l'ingénieur. Il l'approuve, déclare que son jeune ami peut
compter sur lui, qu'il contribuera même à son projet
en lui donnant de l'argent, car il est ami de toutes
les nouveautés propres à améliorer le sort de l'homme.
Ne l'a-t-on pas vu par les drogues qu'il inventa et
invente encore tous les jours, et n'a-t-il pas montré,
en mainte circonstance, qu'il sait se libérer des vieux
préjugés dont s'embarrassent tant de personnes
raisonnables ? C'est justement ce que les gens lui
reprochent et murmurent tout bas sur son passage.

1. Selon la coutume, les artisans d'une corporation étaient
groupés, pendant les foires, dans le même quartier. A Salon,
la rue du Bourg-Neuf était réservée aux marchands de cuir, la
rue de l'église Saint-Michel aux savetiers, la place du Marché
aux drapiers réunissait les marchands de chaudrons et les
fabricants de chausses. Le 5 mai 1439, les syndics autorisent
les merciers à s'installer dans la Rue Droite, allant de la poissonnerie au Portail Ferrier-Roux. Ils auront l'usage des boutiques situées dans la rue, mais ils devront occuper tantôt les
unes, tantôt les autres, à tour de rôle. Le loyer de chaque table
sera, pour chaque foire, de trois gros.

La Ville de Salon au moyen-âge, par Brun.

Cet amour de la nouveauté fait soupçonner Nostradamus d'avoir un penchant secret pour les réformés car on ne voit pas pourquoi il n'apporterait point le même esprit en matière de religion qu'en matière de science et de médecine. Nostradamus s'en défend furieusement. Rien ne le met plus en colère que cette insinuation, grosse pour lui de périls. Il ne peut comprendre pourquoi les gens l'accusent de pactiser secrètement avec les religionnaires, dont il réprouve les pratiques. Rien, dans ses actes, n'autorise un pareil soupçon. Toujours il se montre assidu aux offices, et la messe est l'une de ses plus chères récréations. Certes, il a pu parfois se laisser aller à railler les simagrées et les mômeries de certaines dévotes, car il est grand ennemi des bigots, mais ne fait-il point, par ailleurs, sa compagnie de tous les gens d'Église ? Ne le voit-on pas se rendre fort régulièrement auprès de son directeur de conscience, le Père Vidal, Gardien des Mineurs Conventuels ? Diverses maisons de l'Ordre n'ont-elles pas reçu de lui des dons et des aumônes ? N'a-t-il pas confié à des moines ses premières prophéties, écrites à Orval ? Enfin n'a-t-il pas décidé de se faire enterrer en l'église du couvent de Saint-François ? Qui pourrait affirmer que lui-même n'est pas du Tiers-Ordre ? Et cependant, tout ceci ne suffit pas pour arrêter la malignité des propos, et il s'en montre fort tourmenté.

L'agitation de la petite ville grandit de jour en jour. L'hérésie gagne du terrain. La noblesse et la bourgeoisie sont définitivement acquises à la religion réformée. Elles ont pour chefs sire Jean Paul le Vieux, bourgeois ; Etienne Bertrand, Bertrand Sarraire, bourgeois et Hugues Coiffet, chirurgien. Salon est partagé en deux camps : le peuple catholique, et les gentilshommes luthériens. Déjà ils échangent des injures. Parfois un coup de mousquet éclate, et nul ne sait d'où il est parti. Les habitants de la petite ville réchauffent de vieilles haines qu'ils avaient laissé refroidir. Des rancunes se raniment. Des convoitises s'allument. Au premier signal, au moindre prétexte, ce sera la guerre civile.

Nostradamus voit donc les visages s'assombrir de plus en plus autour de lui, et en augure fort mal. Il se distrait de ses pensées amères en se plongeant dans un travail qui lui laisse peu de temps pour réfléchir à ses propres ennuis, et se réchauffe le cœur aux caresses de son premier enfant [1].

Un jour se présente chez lui un jeune inconnu. Il dit se nommer Jean-Aymes de Chavigny, et vient de Beaune, sa ville natale. Il eut pour professeur de langue grecque Jean Dorat, un fervent admirateur de Nostradamus. Chavigny veut vivre désormais à Salon, auprès du prophète dont la renommée publie tant de merveilles. Nostradamus, secrètement flatté de la démarche du jeune prosélyte qui a tout sacrifié pour lui prouver son attachement, lui accorde son amitié et sa confiance. Il l'initiera aux mystères de son art, et, « s'il ne put lui communiquer l'enthou-

---

1. Nostradamus devait déjà avoir un fils, si l'on en croit divers auteurs qui signalent que l'aîné de ses enfants, nommé Michel, aurait composé quelques pièces d'astrologie imprimées à Paris en 1563 ou 1568, et mourut peu de temps après. D'autres affirment que l'aîné est César, né en 1555.

Nous ne possédons aucun document indiscutable sur la date de naissance et l'existence de Michel Nostradamus fils, que certains ne font mourir qu'en 1629.

siasme et la fureur divine dont il était rempli, du moins
fournit-il à son élève les moyens infaillibles de percer
le sombre voile qui couvrait ses prophéties, même
après qu'elles étaient vérifiées par les évènements ».
La mort seule devait rompre cette étroite union, qui
ne s'altéra jamais.

Bientôt dame Anne Ponsart prend si bien l'habitude de voir le jeune homme entrer auprès de son
mari qu'elle ne quitte même plus son rouet ou sa
grande bassine à confitures quand Chavigny traverse
la maison pour gravir, d'une sandale légère, l'étroit
escalier en spirale qui mène au cabinet haut perché
du maître.

La demeure du médecin astrologue est tout embaumée de l'odeur de fruits qui s'échappe de la cuisine,
et Anne a fort à faire avec toutes les compotes et les
gelées de son mari. Le docteur, en effet, a toujours
quelque nouvelle recette qu'il veut expérimenter, ce
qui fait une grande dépense de bassines, de pilons, de
tamis et de vases que récurent les servantes, cependant que dame Ponsart emplit de petits pots qui s'en
vont rafraîchir les humeurs des bonnes gens de Salon
et d'ailleurs.

Mais la pauvre dame ne peut travailler en paix.
A chaque instant le heurtoir cogne la porte. C'est
un malade qui fait appeler le docteur, une fille qui
demande une pâte pour se rendre plus belle aux yeux
de son amant, un enfant attaqué de la gourme, un
gentilhomme impatient d'avoir une purge et qui se
tord dans des douleurs d'entrailles. Ou bien c'est le
barbier, un chirurgien, un prêtre, un notaire. Quelquefois la servante trouve sur le seuil d'illustres

étrangers qui se sont détournés de leur chemin pour venir saluer le célèbre médecin astrologue. Alors on voit la dame, au fond de la salle, se lever tout effarée, et, les doigts poissés de confiture, ne savoir par quel bout prendre sa robe pour faire sa révérence, cependant que la servante se hâte de monter prévenir le maitre, enfermé avec son disciple.

Les deux hommes sont plongés dans les plus graves études. Nostradamus instruit Chavigny. Sa parole est aisée, abondante, et, pour parler à ce fils spirituel et bien-aimé, le prophète ne prend plus la peine d'être obscur comme la grotte d'une pythonisse. Il lui dit ce qu'il va bientôt répéter dans son livre, à savoir que les calculs seuls ne suffisent pas pour prédire l'avenir. Il faut encore, affirme-t-il, être inspiré et posséder ce don surnaturel et prophétique que la Providence accorde seulement à quelques êtres prédestinés.

Le grand homme explique à l'élève attentif qu'il ne reçoit pas « l'éclaircissement divin par mouvement lymphatique ni par bacchante fureur, mais par Dieu même, qui agit en lui tandis qu'il observe les astronomiques assertions [1] ». Il compose, dit-il, « plustost

---

1. Il paraît que Nostradamus ne parlait de sa connaissance des astres que pour donner plus de relief à ses Centuries et n'être pas accusé de magie et de sorcellerie. S'il parle de l'inspiration divine, ce n'est que dans un style figuré, comme en parlaient les prophètes, et dans le sens que toutes les bonnes actions sont dites être inspirées par Dieu, et les mauvaises par le démon.

Sa science prophétique était une faculté naturelle, une clairvoyance instinctive et héréditaire de l'homme, du somnambulisme magnétique. Il jouissait d'un sixième sens qui est une clairvoyance instinctive physique et morale.

Nouvelles considérations puisées dans la clairvoyance instinc-

d'un naturel instinct accompagné d'une fureur poétique, que par règle de poésie ».

Avant d'opérer, il lui recommande de se « vider l'âme, l'esprit et le courage de toute cure, sollicitude et fâcherie par repos et tranquillité d'esprit ».

Il lui apprend à construire le cercle de « Floram patere »[1] et le sépulcre du Grand Romain. Il faut y introduire les planètes, et l'accorder sur la sphère céleste par le calcul de Vega[2].

Son système diffère totalement de l'astrologie courante. Où en a-t-il puisé les éléments ? Ne serait-ce point dans certains très vieux livres égyptiens qu'un jour, il brûlera ?...

Nostradamus lui-même affirme avoir reçu en héritage des documents provenant de l'Égypte et de l'ancienne Perse, la Perse des mages. Or, qu'emportaient les Hébreux lors de l'Exode ? De l'or et de l'argent, assurément, puisque Jéhovah l'avait ordonné. « Chaque femme, a-t-il dit, demandera à sa voisine et à son hôtesse des vases d'or et d'argent et des vêtements. Vous en habillerez vos fils et vos filles, et vous dépouillerez l'Égypte[3]... Et, pour que cela fût, le Seigneur rendit les Égyptiens favorables à son peuple,

----

tive de l'homme, sur les oracles, les sibylles et prophètes, et particulièrement sur Nostradamus, par Théodore Bouys — 1806.

1. Ces deux mots sont écrits en italique dans le quatrain 22 *des Présages*, et sont la clef de l'énigme des prédictions.

Il faut en écrire les lettres à équidistance sur un cercle. En joignant les voyelles, on construit le pentagone appelé Sépulcre du Grand Romain.

2. *Le Secret de Nostradamus*, par P.-V. Piobb — 1927.

3. *Exode*, chap. III, verset 32.

afin qu'ils leur prêtassent ce qu'ils demandaient, et ils dépouillèrent ainsi les Égyptiens. »[1]

Mais pour les dépouiller entièrement, il fallait prendre leurs manuscrits. Les Hébreux ne durent pas manquer de se saisir de tous les documents des cryptes initiatiques des temples égyptiens, des formules géométriques, cosmographiques, algébriques, qu'ils utilisèrent ensuite pour la Torah et le temple de Salomon. Puis les Romains, un jour, détruisirent le temple de Jérusalem. Les Juifs se dispersèrent. Mais avant que le temple fût abattu, les documents disparurent. Le Saint des Saints était vide quand on y pénétra[2].

Depuis lors, jamais les documents n'ont été retrouvés.

Or, la tribu d'Issachar, dont descend Nostradamus a toujours vécu près du temple et des rois de Jérusalem.

N'oublions pas, d'autre part, que les Compagnons du Devoir prétendent avoir puisé leurs traditions en Provence même, où s'étaient retirés les constructeurs du temple de Salomon. Ces documents inestimables ont dû, en se transmettant de père en fils, passer dans les mains de Nostradamus, à moins que leur présence en Provence ne s'explique de la manière suivante : vers l'an 353, les Juifs installés en Provence, où ils avaient suivi les Romains, assassinèrent sur les bords de la Durance un officier qui, après avoir gouverné l'Egypte, revenait dans les Gaules par ordre de l'empereur Constance. Cet officier n'avait-il pas dans

1. *Exode*, chap. XII, verset 36.
2. *Le Secret de Nostradamus*, par Piobb.

ses bagages les documents égyptiens, et le hasard
du crime ne les fit-il point tomber en la possession des
Juifs de Provence qui n'osèrent ni les détruire, ni les
restituer ? Ceci, pourtant, n'expliquerait pas le geste
de Nostradamus qui, dans sa préface, assure avoir
brûlé les vieux manuscrits après s'en être servi. Il
n'est pas dans les habitudes d'un savant de détruire
un document d'une telle importance, même si ce
document provient d'un vol ou d'un meurtre.

Dans sa préface à César, Nostradamus déclare
n'avoir pas voulu utiliser ces « volumes qui ont été
cachés pendant de long siècles », et se sont trouvés en
sa possession. Après en avoir pris connaissance, il
les aurait jetés au feu, et, pendant que la flamme les
dévorait, une clarté insolite illumina l'air

plus claire que naturelle flamme, comme lumière de feu
de clystre fulgurant, illuminant subitement la maison
comme si elle eût été en subite conflagration [1].

Et il ajoute :

Je les ai mis en cendres, afin que plus tard tu ne pusses
tomber dans l'erreur lorsque tu te livreras à tes recherches
sur la transmutation en argent ou en or de la matière du
grand œuvre ou du mercure composé d'une terre métallique
et d'une terre fluidificante [2].

La raison invoquée par Nostradamus nous paraît
insuffisante pour excuser l'acte de vandalisme qu'il

----

1. « plus brillante que le feu naturel, semblable à l'éclat subtil
de la foudre, comme si le tonnerre eût soudainement illuminé
etembrasé toute la maison. »
2. Epitre à César par Michel Nostradamus.

aurait commis en détruisant ces documents uniques légués par ses aïeux. Soupçonné d'hérésie par les habitants de Salon, accusé de sorcellerie et de magie par ses confrères jaloux, Nostradamus n'aurait-il pas plutôt utilisé les précieux volumes comme préservatif contre la flamme du bûcher ? Ne les a-t-il pas déposés humblement dans les mains de l'autorité ecclésiastique ?

Et alors s'expliquerait la protection qu'il a toujours rencontrée auprès du pape, avec lequel il eut des rapports assez mystérieux, mais certifiés par certains auteurs. Le pape Pie IV n'accepta-t-il pas la dédicace que lui fit Nostradamus de son almanah de 1562 ? Le Vatican, comme les cours de France, d'Angleterre, d'Espagne, du Saint-Empire romain germanique, ne l'a-t-il pas toujours protégé et respecté ? Les prophéties ne furent-elles pas réimprimées, en 1566, avec la permission ecclésiastique, par les soins de frère Jean Vallier, du couvent de Salon des Mineurs Conventuels de Saint François ?

Plus tard, après la mort de Nostradamus, cette protection persistera et Chavigny publiera des interprétations des Centuries avec l'attestation « qu'elles ne contiennent chose contraire et dérogeante à la religion catholique, apostolique et romaine », et avec l'approbation de l'Official. Et pourtant les actes et les écrits de Nostradamus n'ont rien d'orthodoxe surtout pour le xvie siècle.

Quoi qu'il en soit, et quoi qu'en dise Nostradamus, il a utilisé les documents avant de s'en séparer.

Dans ses calculs, il tient compte de la loi de gravitation dite de Newton. Sans quoi, écrit-il fort justement, il n'aurait pu calculer avec exactitude la précesssion des équinoxes. Son système de calcul concernant les astres est elliptique et non pas circulaire. Il fonctionne porportionnellement au carré des temps et au cube des grands axes. C'est l'application des lois de Képler.

Or Képler est né en 1571, et Newton en 1642.

Mais Nostradamus n'a pas inventé tout ce système. En plus de ses documents hébreux de provenance égyptienne, il en a d'autres originaires de la Perse des mages. Ce sont des documents beaucoup plus astronomiques que cryptographiques. Nostradamus n'a donc fait qu'établir un système fort ingénieux, mais uniquement cosmographique et géométrique, qui est simplement génial par son accord du temps et de l'espace. Aussi dit-il : « Frappé du ciel, n'ai fait cas merveilleux. » C'est-à-dire : J'ai reçu, à ma naissance, des aspects astraux qui me prédisposaient à ce travail, mais je n'ai rien fait de merveilleux [1]. »

Nostradamus a parlé pendant si longtemps à son disciple que le ciel a pâli. Le vitrail de la fenêtre s'enflamme, et puis s'éteint. Une lumière étrange envahit le cabinet du médecin astrologue.

Au loin, à l'endroit du petit point bleu qui est la Méditerranée, le soleil, étirant tous ses rayons, s'est couché sur les eaux éteintes. Alors, dans un mouvement irréfléchi, Nostradamus n'est-il pas tout prêt à se prosterner devant ce dieu antique ? Qui oserait affirmer que ses genoux n'ont point envie de se plier ? Mais il prend soudain conscience de son geste, et il se redresse, plein d'horreur. Qu'allait-il faire ? Il tend

---

1. *Le secret de Nostradamus*, par P.-V. Piobb.

le bras vers le ciel, où l'on commence à voir tourner les mondes célestes, et rend gloire à Dieu, le seul maître de l'univers. Le disciple alors s'éloigne du maître. Le bruit de son pas décroît dans l'escalier tournant. L'heure du souper familial est proche. L'angélus sonne à l'église. Nostradamus va y aller se prosterner au milieu des dévotes.

Il descend, il s'engage dans l'ombre des rues, où on lui jette des paroles de salut par les fenêtres... l'air sent l'ail et le piment frit. Mais Nostradamus entre dans l'église. Des voix y chevrotent un cantique à la lueur clignotante des cierges. Le prêtre agite son encensoir, d'où monte une fumée bleuâtre qui ressemble à la fumée des incantations du médecin astrologue. Nostradamus pense à la myrrhe antique. Et cependant qu'il regarde les statues chrétiennes, le prophète voit les monarques jumeaux, Osiris et Isis, brandir leurs deux sceptres dont l'un porte une tête de coucoupha et l'autre une fleur de lotus.

Nostradamus se prosterne sur la dalle du vieux sanctuaire catholique. Il se cache la figure dans les mains avec horreur, il s'humilie, il veut prier. Mais il a lu trop longtemps dans les vieux livres des idolâtres... les faux dieux le poursuivent, et il se surprend à murmurer : « O Neith, commencement des choses, Ammon, roi de l'éternité, Ptha, démiurge, Thot, son intelligence, et vous, dieux de l'Amenthi, triades des Nomes... »

Il s'arrête, épouvanté. Dans l'ombre du sanctuaire romain volent des bœufs à la suite de grands ibis que regardent des sphinx immobiles.

Nostradamus, écrasé sur ses dalles, se frappe durement la poitrine. Il écarte les fantômes des monstres.

Il parvient à retrouver ses prières catholiques. Mais les dévotes chuchotent dans son dos. Elles accusent de luthéranisme ce Juif converti, hanté par des images d'idoles...

L'office prend fin. Nostradamus suit le peuple, rentre chez lui, où dame Anne l'attend pour le souper. Le moulin de son voisin presse l'olive verte. Des chiens aboient. De jolies filles bien cambrées s'en reviennent de la fontaine en portant des cruches lourdes sur leur tête. Les ténèbres s'épaississent. C'est l'heure nocturne, propice aux évocations des mages.

Peut-être dame Ponsart qui, la nuit, dormit mal, s'étonne-t-elle d'avoir entendu marcher dans le cabinet de son mari. Il lui semble même qu'on y a poussé un cri étouffé, et elle voudrait savoir ce que fait son époux pour veiller si tard que, chaque matin, l'aube le trouve à sa table de travail. Mais elle a dû aller se coucher sans rien apprendre, et la nuit, maintenant, la recouvre en-dessous de son grand lit à baldaquin.

Le médecin astrologue, remonté dans son cabinet, a soufflé sa bougie, et la lune triomphe. Le miroir magique luit comme un bouclier. La tête de mort a verdi. Nostradamus contemple le disque céleste que le bon Pythagore peuplait d'animaux et de plantes. Le médecin astrologue a sorti de leur cachette les objets cabalistiques du mage qu'il est maintenant : l'autel aux pentacles et aux exorcismes, la fontaine purificatrice, l'athanor alchimique.

Dans le jour, tant qu'il fait clair, Nostradamus est catholique, et même bon et fervent catholique. Mais, dès que la nuit a vaincu la lumière, les dieux antiques le reprennent.

Nostradamus attise les feux des cassolettes où

brûlent les parfums sacrés. N'est-il pas lui-même un prêtre dans le temple de quelque divinité païenne ? Il trace autour de lui le cercle magique, puis s'assied sur le trépied d'airain et attend. Il a en main la baguette divinatoire, et il se penche sur un bassin d'airain empli d'eau jusqu'aux bords.

Bientôt il s'inquiète. Le génie familier, ce soir, tarde à paraître. Cependant Nostradamus a eu grand soin de prendre le vase approprié à l'usage des démons qui se cachent au fond des eaux. Mais soudain il tressaille. Le bassin d'airain semble frémir, comme s'il allait émettre des sons. L'eau dont il est plein ne diffère pas, quant à l'apparence, de l'eau naturelle, mais elle excelle, par une vertu mystérieuse, dans l'art de composer des vers, ce qui la rend éminemment apte à recevoir l'esprit prophétique. Car ce démon est capricieux, terrestre et sensible aux enchantements. Dès que l'eau commence à rendre des sons, il témoigne de sa satisfaction par quelques balbutiements encore indistincts et dépourvus de signification. Mais ensuite, quand le liquide bouillonne et déborde du vase, une faible voix murmure des paroles qui contiennent la révélation de certaines choses futures.

Ce démon, à qui il a été permis d'entrer dans la région solaire — c'est-à-dire terrestre — mêle beaucoup de mensonges à ses prophéties, et c'est pourquoi il est si attentif à ne parler qu'à voix basse, afin que les erreurs qu'il profère soient moins faciles à saisir [1].

---

1. Fragment de Michel Psellus (de Dæmonibus), dont Nostradamus a utilisé la méthode, ainsi qu'il le déclare lui-même dans sa Centurie I, § 42.

« Le feu éteint, assemblée diabolique.

« **Cherchant les os du démon de Psellus.** »

Mais Nostradamus a beau se pencher sur la vasque d'airain, les sons qui s'en échappent ne parviennent pas jusqu'à son oreille. Cependant il a bien observé toutes les formules prescrites pour faire réussir l'incantation. Il fouille sa mémoire, se remémore les différentes pratiques auxquelles obéissent les esprits attachés à la matière.

La sybylle de Delphes recevait le dieu de deux manières : soit par un certain esprit subtil et « igné » qui s'élançait impétueusement de l'ouverture de son antre, soit en s'asseyant, au fond du sanctuaire, sur un siège d'airain à trois ou quatre pieds et consacré au dieu, où elle se trouvait exposée des deux côtés à l'esprit divin qui venait l'illuminer d'un rayon de feu sacré.

Une prêtresse de Branchus s'est mise en rapport avec l'esprit prophétique en tenant à la main une baguette qui lui avait été donnée par quelque dieu, en faisant tremper ses pieds ou le bas de sa robe dans l'eau du bassin, ou encore en aspirant une vapeur qui sortait d'une certaine eau. Alors le dieu entrait en elle [1].

1. Passage de Jamblique (de Mysteriis) auquel Nostradamus a visiblement emprunté l'exposition qu'il donne des pratiques à à l'aide desquelles il se préparait à recevoir l'inspiration :

> « Etant assis de nuit, secrète étude,
> Seul reposé sur la selle d'airain,
> Flamme exiguë sortant de solitude
> Fait prospérer qui n'est à croire vain
>
> La verge en main mise au milieu de Branches
> De l'onde il mouille et le limbe et le pied
> Un peur et voix frémissent par les manches
> Splendeur divine — le divin près s'assied. »

(Centurie I — §§ I et 2).

Ammien Marcellus donne une autre méthode [1] :

Honorables juges, écrit-il, nous avons construit cette
funeste petite table que vous voyez à l'imitation du trépied de Delphes, avec des branches de laurier, sous de
noirs auspices. Nous l'avons consacrée, selon les rites de
la magie, par les imprécations des hymnes mystérieux,
par des charmes longs et multiples. Puis nous l'avons mise
en mouvement (rotation). Or, quand nous voulions la
mouvoir, et chaque fois qu'on la consultait sur des choses
cachées, voici ce qu'il fallait faire.

On la plaçait au milieu de la maison, purifiée partout
par des parfums d'Arabie, et on mettait simplement dessus
un bassin rond composé de divers métaux, à la partie
inférieure duquel étaient gravées avec délicatesse, et à
des espaces exactement mesurés, les vingt-quatre lettres
de l'alphabet. Là s'arrêta, suivant la science des rites,
après s'être rendu favorable par des enchantements pres-
crits la divinité qui préside à la connaissance de l'avenir,
un homme vêtu d'une robe de lin, chaussé aussi de brode-
quins de lin, la tête entourée d'un turban de lin, et tenant
à la main une branche de verveine, plante d'un favorable
augure. Il en toucha, pour le mettre en mouvement, un
anneau suspendu en l'air au-dessus du bassin et du trépied
par un fil de Carpathie, extrêmement fin et consacré par
des conjurations magiques. Cet anneau, en se balançant
en l'air, retombait par de petits sauts, d'espace en espace,
sur chacune des lettres qui y étaient gravées et formait
ainsi des vers héroïques qui répondaient aux questions
des assistants, non moins qu'au rythme et à la mesure,
tels que sont les vers pythiques ou ceux des oracles des
Branchides.

1. Historien latin du ɪvᵉ siècle.
Extrait du *Rerum Gestarum*, livre XXIX, chap. I.

Mais si l'eau ne réussit pas, Nostradamus pourrait peut-être essayer du feu. Porphyre a recommandé de ne point mépriser l'art magique qui consiste « à faire apparaître subitement dans l'air des simulacres de dieux, au moyen de certaines vapeurs produites par le feu sous l'influence favorable des astres. » Ces simulacres de dieux sont, en quelque sorte, semblables aux dieux et ont, comme eux, un certain pouvoir. Les esprits eux-mêmes obéissent à un chef qui exerce son empire dans l'air, à l'entour de la génération des humains, et envoie à chacun d'eux son démon familier.

Quand ce démon est entré en rapport direct avec l'homme, il lui enseigne le genre de culte qui lui plaît, lui apprend son nom et la manière particulière de l'invoquer.

Un frisson court sur l'échine de Nostradamus. Ce pacte est un pacte de démons ! Il assimile l'homme aux esprits démoniaques [1]

Les cassolettes grésillent. Elles ont empli le cabinet du nocturne magicien d'une lourde fumée bleue, comme il en est tant monté dans les temples, devant les idoles des autels. Tenant en main la verge de laurier consacrée à Apollon, Nostradamus en touche les branches du trépied pythique où il est assis à l'instar des anciens prêtres de Branchus [2], et invoque son génie familier...

---

1. Nostradamus a dû aussi expérimenter cette méthode, mais ne nous a pas laissé le nom de son démon particulier.

2. Branchus, selon la tradition grecque, était un jeune homme de Milet, qui plut à Apollon et en obtint de son vivant et après sa mort le don de prophétie. Il y avait aux portes de Milet un temple et des prêtres nombreux consacrés à Appollon Didyméen.

Si la nuit était celle du Vendredi-Saint, l'incantation réussirait certainement, se dit Nostradamus. D'habiles sorciers, par une telle nuit, un dix des calendes de l'ancien comput [1], ont obtenu que, les lumières étant éteintes, l'assemblée des suppôts du diable cherche — en chair et en os — les démons corporels, selon le mode enseigné par Psellus.

Mais voici que luit la lumière fatidique, et Nostradamus est saisi d'épouvante. Une « flamme exiguë », sortant de la solitude, se pose sur la vasque d'airain. Son génie familier mouille dans l'eau le bas de sa robe et ses pieds. L'envoyé divin s'assied auprès de lui [2]. Un frisson involontaire, dit Nostradamus, agite ma main qui va écrire sous sa dictée.

Ainsi, chaque nuit, appelant à lui son démon familier, suivant les rites cabalistiques, il ajoute une prophétie nouvelle au livre qu'il prépare. Et quand paraît le jour, on le trouve à l'église, où le prêtre dit sa messe. A-t-il déjà perdu la mémoire des pratiques de magie auxquelles il s'est livré pendant la nuit ? Ou bien, plutôt redoute-t-il de se voir accusé de sorcellerie et traîné devant le tribunal de la sainte Inquisition ?

Si l'on vient à lui parler de ses prédictions et à le

---

1. *Centurie* 1, § 42 :

« Les dix calende d'avril de fait gothique
« Ressuscité encore par gens malins »...

Le dix des calendes d'avril de l'ancien comput correspond au dernier jour de mars du calendrier grégorien. Il est donc vraisemblable que Nostradamus désigne implicitement ici une année où la nuit du Vendredi-Saint tomba le 31 mars.

Les Oracles de Michel de Nostredame, par Anatole Le Pelletier.

2. *Centurie* I, §§ 1 et 2.

traiter de prophète, « moy, à cet endroit, je ne m'attribue nullement ce titre », a-t-il soin de dire aussitôt. « A Dieu ne plaise, je confesse bien que le tout vient de Dieu. [1] »

1. « Je confesse bien que tout vient de Dieu et lui en rends grâce, honneur et louange immortelle, sans y avoir meslé de la divination qui provient a fato, mais a Deo. »
(Lettre à Henri II).

« Quant à nous qui sommes humains, ne pouvons rien de notre naturelle connaissance et inclination d'engin (d'esprit : ingenium) connaître des secrets obstruses de Dieu le Créateur... ni par les humains augures, ni par autre connaissance ou vertu occulte... La parfaite connaissance des causes ne se peut acquérir sans cette divine inspiration. »
(Lettre à César).

CHAPITRE VI

LES FARDS ET LES CONFITURES

Ce commerce avec les esprits ne fait pas oublier à Nostradamus qu'il est médecin et, comme tel, obligé de prendre soin du corps de ses semblables. Le magicien transporté d'une fureur prophétique redevient un homme tout ordinaire qui n'a plus en tête que des soucis de bonne ménagère. Rien de moins mystérieux que le docteur Nostradamus quand il se penche sur les paniers de fruits que lui apportent les paysans des environs dans les bâts de leurs ânes, les examine d'un œil sévère, les hume, et les fait poser sur les balances.

La peau, dont ces fruits entretiennent la fraîcheur et l'éclat, fait l'objet des plus constantes préoccupations de Nostradamus, et dame Anne Ponsart en doit avoir une bien blanche et bien onctueuse, si elle suit les recettes de son mari. La composition de ces crèmes de beauté demande beaucoup de soin et d'attention. Lisez plutôt la façon de faire « les fardements et senteurs pour illustrer et embellir la face ».

Toute femme, même celle qui fait souvent enfant, se déchet tous les ans de cinq pour cent comme fait la cassia fistula pour bon temps qu'elle aye. Elle au moins appete naturellement, si augmenter ne peut, maintenir sa beauté par lors quand elle est de l'âge de dix-huit à vingt ans. Ce qu'elle fera indubitablement jusques à l'âge de soixante en usant bien et duement de la composition du sublimé qui est ici dedans comprinse et mise pour la première au premier chapitre. Car si le dit sublimé est fait comme il est escrit, indubitablement le visaige sera préservé en beauté longuement et fera devenir Hecuba en Helene.

Toy disant à Dieu de Saint-Remy en Provence dite Sextrophœa ce premier jour d'avril mil cinq cens cinquante deux, composé à Salon de Craux-en- Provence.

Embellissement de la face et souverain emblanchiment du visage conservation du corps en son entier contenant plusieurs Receptes secrètes et désirées non encore veues.

Pour accoustrer le sublimé

Chapitre I [1]

Pour accoustrer le sublimé, lequel est le plus souverain fard et emblanchiment de la face qui se puisse faire au monde qui rend le cuyr aussi blanc que neige, sans gaster ni tirer nullement le cuyr ni gaster in corrompre les dents. Mais rend une souveraine splendeur naïve à la face, que si une femme en use brune pleine de taches ou pannes, combien qu'elle fut de l'âge de cinquante ans la rendra que le front et les joues sembleront de l'âge de douze ans. Tant souverain est ce fard qu'encores que l'on l'approche du visaige l'on n'y sçaurait point ny cognoistre rien, or mis un emblanchiment naturel que si une femme en avait usé durant quatre ou cinq jours, elle serait presque mescogneue aux siens, tant souverain est ce fard. Et si une femme

---

1. Nous citons textuellement ce long extrait du Traité de Nostradamus, estimant que son originalité, malgré sa longueur, peut offrir un grand intérêt de curiosité.

en use ou commence d'en user à l'âge de quinze ou vingt
ou vingt-cinq ans, ce luy conservera le visaige en incomparable beauté tout le temps de sa vie que encores en l'age
de soixante ans elle apparoistra estre de l'aage de vingt ans
par le jugement d'un chacun durant un long temps. Et
rend le visaige sain et nect sans luyre aucunement, or mis
une naturelle splendeur agréable et rendant une couleur
vermeille comme rose au bout du menton. Aux lèvres pour
pasles qu'elles soient et aux deux joues, que si une fille ou
femme avait la face cadavéreuse semblable à la mort, luy
fera apparoistre un visage joyeux pour mélancolique
qu'elle soit. Et si le visaige ou autre partie du corps estoit
taché de lentilles (pourveu qu'il ne soit à personnaige qui
ait poil de beuf) les y aura perdues en peu de temps. Cecy
est le souverain fard où plusieurs hommes pensent estre bien
rusez à la cognoissance de la beauté naturelle d'une femme
sont estés deceuz, pensant avoir prins Helene et ont prins
Hecuba, tant grande et incredible beauté rend ce fard.

Et sont estés plusieurs dames au pays d'Italie et d'Hes-
paigne qui tant seulement ont délaissé la façon de ce fard
à ses filles pour un souverain héritaige non point le laissant
par escrit, à fin que ne fut sceu ni cogneu, mais en secret
le monstroient pour mieux le sçavoir comprendre. Et ha
telle vertu et efficace qu'il rend la face d'une beauté tirant
sur la couleur d'un argent fin, que si laface estoit coppe-
rousée la rendra tant excellentement blanche, que nature
par ses naturels effectz ne pourroist davantaige faire si
un personnaige tasché d'aucune espèce de ladrerie luy fait
perdre cette maligne et detestable couleur et la vient
changer en blancheur.

. . . .

Prenez du sublimé le poix de six onces, et le mettez
dans un mortier de marbre qui soit bien net, et le pillez
avec un pillon de bois, et le triturez longuement en le
broiant en lieu qui ne face point de vent par l'espace
presque d'un jour tout entier et après que vous verrez

qu'il sera fort subtil comme farine fine que quand le toucherez entre les doigs ne sentirez aucune aspérité quelle que ce soit sans le passer. Puis quand vous verrez qu'il sera subtilement pulvérisé, vous luy mettrez de la salive d'un personnage à jeun qui aura demeuré trois jours à manger aulx et oygnons, sans vinaigre, ni verjeux et en le broiant incessemment. Puis y mettrez dedans du vif-argent net et passé par un drap de laine blanc bien épais et purgé du plomb et de estaing le poids de six drachmes qui font le poids de six escuz soleil ; d'argent moulu le poids de trois grains, puis tout ensemble le broierez si fort et continuellement toujours en le broiant, luy mettant de salive à jeun jusques à ce qu'il vienne bien blanc et au commencement quand le vif-argent sera meslé avec le sublimé il sera noir et gris, tirant plus à la couleur grise que noire ; mais non pour cela il le faut tant remuer jusques à ce qu'il vienne blanc. Et pource que cecy ne se peut parfaitement parachever de sept jours pour sa perfection, il faut que après qu'il a esté bien meslé toujours avec la salive et il ne faut que fer ni cuyvre le touche, mais que le tout soit de bois or mis le mortier. Et alors qu'il sera bien mouillé et que le vif-argent sera bien éteint le mettrez tout l'après disner au soleil. Car le soleil et le fort battre lui donnent la blancheur qu'il doit avoir. Et après qu'il sera essuyé, le tourner battre, et pource qu'on ne sçaurait pas avoir de la salive ou crachat à si haute heure, luy mettrez de l'eau de nenuphar ou rose peu à peu, mais pour la vraye perfection de ce fard il ne faut que du crachat à jeun [1] et y mettrez quelques jours davantaige pour

---

1. L'habitude de broyer les fards avec la salive, notamment, avec la salive de femme à jeun, est très ancienne. Pline l'indique déjà dans son chapitre XXXVIII.

Afin de parfumer les fards, on faisait mastiquer des pastilles aux esclaves appelées « cosmètes », qui avaient pour fonction de cracher. Avant de cracher, l'esclave devait souffler sur un miroir de métal qu'elle tendait à sa maîtresse afin que celle-ci

la perfection diceluy. Et quand vous aurez cogneu qu'il
sera bien blanc parfaitement et bien subtil, car il faut
que tous les jours il soit mis au soleil avec le mortier. Et
quand le voudrez mettre au soleil, faites qu'il se tienne
par tout le mortier. Et puis le mettre au soleil lendemain
bien matin avec une spatule de bois, le retournerez au
fond du mortier. Et alors que vous cognoistrez qu'il sera
naifvement blanc, lors vous le dissouldrez en eau de fontaine, et non point de puys, à la quantité de vingt onces
d'eau jusques à ce que vous cognoistrez qu'il sera dissoulz.
Et après le mettrez dans un petit tupin de terre bien
vernissé, et le ferez bouillir sus des charbons. Et quand
il commence de bouillir gardez qu'il ne verse. Et faites
qu'il ne bouille que tant de temps que vous demeurerez
à dire deux patenostres et deux ave maria. Et puis soudainement le oster du feu et le laisser refroidir et reposer
pour trois ou quatre heures ou pour sa meilleure perfection
jusques à lendemain matin. Et puis jetter cette eau qui
est forte et maligne qui sera comme verte et la jetter ou
la bailler aux chirurgiens. Vous en remettrez d'autre, et
la ferez bouillir comme vous avez fait au paravant. Et
puis ostez du feu et la laissez reposer et la jetez. Et y
remettrez d'autre. Et cela ferez six foys et à la dernière
foys faites qu'il soit de quelque bonne eau de rose odorante.
Et qu'il ne bouille que deux ou trois ébullitions. Et ne faut
pas jetter ceste eau, mais qu'elle se seiche à demy. Et puis
quand vous en vouldrez user, prenez-en de la grosseur
d'un poix ou d'une demie febve. Et ayez quelque petite
pierre de marbre de la largeur d'une heures, ou plus
ou moins. Et quelque autre petite pièce de la grandeur et
rotondité d'une table d'un tollier ; et le broyerez fort sur

reconnût à l'odeur si la salive était saine et parfumée à son
goût.

Le mot « fard » vient d'ailleurs de « farda », mot italien qui
signifie salive.

ledit marbre avec un peu de eau rose, que vous aurez tenu
dans la gorge le plus longtemps que vous pourrez et puis
mouillez un petit linge par tout le visaige et verrez une
beauté et blancheur incomparable et si le vinaigre est
un peu trop blanc prendrez un racine d'orcanete avec
une goutte de huylle de noix muscade et la frotterez sur
la palme de la main. Puys de la racine en frotterez les
lèvres, la joue et le bout du menton ; de la façon de l'huylle
de noix muscade le trouverez en son chapitre.

Et notez que pour noblement le dit sublimé préparer et
à fin que la face soit de telle beauté qu'elle ne soit faite
que pour regarder et rendent le fard durable pour longtemps et subitement dans deux jours rendre un vinaigre
noir ou brun, blanc comme fin papier, prendrez de céruse
de Venise le poids de trois onces et la donnerez à un peintre
qu'il la broie fort sur son marbre avec d'eau rose. Et
quand elle sera bien broyée, vous la destremperez avec une
livre et demye d'eau rose ou quelque eau de bonne senteur.
Et la mettrez dans une grande terrine de terre et la ferez
un peu chauffer. Et vous laverez le visaige par l'espace
d'une demie heure par quelqu'un autre, comme l'on lave
la face chez le barbier. Et quand vous serez lavé longuement tout le visaige ou la partie du corps que vous vouldrez ; alors vous essuyrez d'une esponge bien nette et vous
laverez le visage d'autre eau. Et quand vous aurez fait le
lavement de la céruse par trois jours entiers alors vous
userez du sublimé au visaige tous les matins à votre lever
en vous habillant. Et gardez d'en mettre guières ; car il
suffit à chaque foys d'en mettre la grosseur d'un poix.
Et pour garder que ne face point de mal aux dents à la
longue, faites qu'il soit toujours destrempé avec d'eau
odorante cy dessoubz escrite passée par la bouche.

Nostradamus, d'autres part, n'oublie pas l'amour.
Certaine huile du chapitre XVII rend féconde la
femme la plus stérile. Elle « donne vertu non pareille

à l'homme vieux et impotent »[1] Au chapitre XVIII,
Nostradamus indique la façon de « composer au vray
le poculum amatorium ad venerem duquel usaient
les anciens au fait d'amour ». Celui qui en a pris dans
la bouche meurt tout effréné, s'il ne peut à l'instant
même tenir dans les bras l'objet de sa flamme ou
cracher le breuvage.

Et si, ne reculant pas devant le danger, vous voulez
expérimenter la vertu du philtre sur vous-même, voici
la recette qui mettra le feu dans votre corps et exer-
cera votre patience en une épreuve salutaire.

Prenez trois pommes de mandragore et les allez cueillir
tout incontinent que verrez le soleil se lever et les enve-
loppez dans les feuilles de verbene et dans la racine de
molly herbe et les laissez jusques à l'endemain matin à
la sereine. Et puis prendrez de lapides magnetici de la
partie où elle refuse le fer où la façon se connaît au qua-
drant, le poids de six grains, qui soit pulvérisé sus le
marbre, le plus subtilement qui se pourra, l'arrosant
quelque peu avec le suc de la pomme de mandragore. Puis
prendrez le sang de sept passereaux males saignés par
l'aile senestre, d'ambre gris le poids de cinquante-sept
grains d'orge ; de musc, le poids de sept grains ; le dedans
de la meilleure canelle qui se pourra trouver le poids de
trois cent soixante-dix sept grains d'orge, girofle et lignum
aloes fin, le poids de trois deniers, du pourpre poisson de
chacune branche un oieilet qui soit confit et condit en
miel macis le poids de vingt-et-un grains, de calamus odo-
ratus le poids de cinq cents grains, de racine de lyris illyrica
ou esclavonie le poids de sept cents grains ; racina apurisus

____

1. Dans la préface de ses *Receptes*, Nostradamus déclare que
« de 1521 à 1529 il s'est livré à la pharmaceutrie et à la cognoissance et perscrutation des simples par plusieurs terres et pays. »

trente-et-un grains, du vin crétique au double du poids
du tout sucre finissime, le poids de sept cents grains qui
font environ plus d'une once et le tout soit mis ensemble
et bien pulvérisé et macéré dans un mortier de marbre
avec pestel de bois et cueilli avec une cuillère d'argent ; et
le mettrez dans un vaisseau de verre et le ferez bouillir
sur le feu jusques qu'il reviendra à la quantité du sucre
fait comme sirop ou iulet. Et après qu'il aura cuit, expri-
merez soigneusement le tout et fort exprimé ; et le mettrez
dans un vaisseau d'or ou d'argent, ou de verre. Et quand
en voudrez user, mettez-en dedans la bouche bien petit
comme ferait le poids de demi-escu.

Nostradamus, en composant son Traité des Fardements, sacrifie au goût du temps, auquel Catherine
de Médicis a inspiré l'amour des cosmétiques et
des parfums, et, de plus, suit les prescriptions de
ses vieux livres orientaux.

Les parfums ont toujours tenu une grande place
dans les pays du Levant, et plus particulièrement en
Egypte et en Assyrie.

Il a dû emprunter à ses manuscrits ses principales
recettes, en y ajoutant simplement les produits du
Midi.

Il donne aussi la façon de faire des confitures, et
dédie son livre à maître Jean de Nostredame, son
frère, procureur à la Cour du Parlement d'Aix-en-
Provence, auquel il envoie salut et félicité. Il apprend
comment il faut « confire la chair de courdes, que l'on
nomme cocordat ou carabassat, qui est une confiture
réfrigérative qui rafraîchit et est de bon goût ». Il
accommode les noix, les oranges, les laitues confites
en sucre, les guignes, que les Italiens appellent « ama-
rènes ». « Quand un malade en prend une, il lui semble

avis que c'est baume, ou restaurant. » Il donne aussi la recette du codignat, qui « est d'une substance grande et saveur bonne », de ı'eau et des confitures de gingembre vert, d'amandes confites et de coings. Ces derniers doivent être conservés dans « des boytes larges de Lyon ».

* * *

Toute la petite ville de Salon est donc occupée du docteur Nostradamus, soit pour le vanter, soit pour le dénigrer. Les belles filles lui demandent des fards et la vigueur de leurs amants, les vieilles et les laides croient qu'il met dans ses pommades une vertu magique qui leur donnera des charmes irrésistibles. Les dévotes épient tous ses gestes et parlent de lui aigrement. Les huguenots, de leur côté, ne le voient pas d'un meilleur œil. Pendant ce temps, les hôteliers s'émerveillent du nombre de voyageurs qui traversent maintenant Salon, et chantent les louanges de l'homme illustre dont la présence est la bénédiction de leurs auberges. Aussi ne laissent-ils pas de le vanter hautement à tous ceux qui s'arrêtent chez eux.

Une telle réputation a bien des inconvénients. Nostradamus ne peut plus mettre le pied dehors sans être aussitôt entouré de gens qui l'accablent de questions. On le relance jusque dans sa maison, et il n'a plus que la nuit pour travailler. Les Salonais ont un esprit naturellement porté aux choses mystiques, qui les rend fort propres à recevoir les communications d'un prophète. Ils ne peuvent plus rien faire sans avoir pris conseil du mage local, et n'hésitent pas à l'interroger sur les plus petits incidents de leur modeste existence.

Imaginez-le un après-midi où, las de toujours se tenir enfermé dans son cabinet, et séduit par le beau temps, il s'est avisé de sortir. Le pauvre Nostradamus a espéré pouvoir s'entretenir paisiblement avec son jeune ami Adam de Craponne. Il est parti pour l'une de ces promenades agréables et délassantes qui permettent au corps de prendre un salutaire exercice cependant que l'esprit se récrée à la vue de choses gracieuse ou instructives. Il marche du côté de l'enceinte qu'on bâtit à Salon. Le spectacle est curieux. Il attire tous les enfants du pays, sans compter les grandes personnes, qui s'attardent à mesurer du regard la hauteur des murailles et la grosseur des tours. Elles s'élèvent sous la direction de Pierre Tressault. Le 23 novembre 1549, celui-ci a signé le contrat d'entreprise avec Antoine Rosset et Gaspard Ricard, consuls, Pierre d'Arles, assesseur, Girard Paul, trésorier, Antoine Viguier, capitaine, Pierre Eyguesier, Jehan Suffren, Raimond Suffren et les autres conseillers, commis et députés aux affaires, par-devant maître Pésétis, notaire à Salon. Les travaux ont été commencés en janvier 1550, et quand ils seront achevés, la petite ville se moquera bien des soldats et des brigands. Elle aura une enceinte fortifiée de trois cannes et demi de hauteur. Toutes les cinquante cannes on y verra des tours rondes en saillie, et la cité sera pourvue de quatre portes fortifiées.

Les ouvriers poussent leurs brouettes, se tiennent à cheval au faite des murs, transportent les terres des fondations. Les charretiers lancent des jurons sonores. Des maçons tendent leur fil à plomb, des commis examinent les plans. Les travaux doivent durer cinq années [1].

Avant d'arriver jusque-là, Nostradamus a été vingt fois arrêté. C'est une ménagère qui lui a demandé si ses confitures seraient réussies. Une autre, dont le nourrisson se trémoussait dans ses langes en pleurant, ne l'a pas quitté avant qu'il ait dit si l'enfant mourrait de ses coliques. Toutes les mères eussent voulu qu'il tirât l'horoscope des petits marmots tout barbouillés de terre qui jouent dans le ruisseau. Tous les gens l'ont appelé pour qu'il leur donnât des conseils, leur fît des augures. Ils lui ont demandé s'il pleuvrait ou si l'on verrait le soleil, si la saison serait bonne pour les fèves ou pour les potirons, et si les oliviers porteraient beaucoup d'olives. Nostradamus a eu beau marcher à grands pas, il n'a pu se débarrasser d'une femme abandonnée qui veut savoir de lui où est parti son mari, et s'il la trompe avec quelque fille de rien.

Non, il n'a plus un instant de répit. On le poursuit dans la rue, on le relance dans sa maison. Dès l'aube, les visiteurs frappent à sa porte. Les jardiniers ne veulent plus planter un chou, les filles prendre de fiancé, les garçons se choisir un état, sans l'avoir consulté. Les laboureurs viennent lui demander ce que sera leur récolte, les hommes d'armes où se trouve le voleur qu'ils ont à rechercher, les notaires, s'il y aura des décès intéressants et de riches mariages dans l'année, les avocats beaucoup de chicanes. Ils l'appellent « le devin », le « prophète », « l'homme de Dieu ». Le peuple se sert de lui, en réalité, comme d'une

---

1. Ils dureront, en réalité, jusqu'en 1559, car la peste et la mort de l'entrepreneur en ralentiront l'activité.

vulgaire tireuse de cartes. Mais les gens d'esprit l'estiment. On le consulte dès qu'il s'agit de faire un compliment à un grand personnage ou de composer une inscription monumentale. Nostradamus doit se surveiller en tout ce qu'il fait, en tout ce qu'il dit. Le moindre de ses propos est recueilli, colporté, promené par toute la ville, et chacun base sa conduite sur une parole qui lui a échappé sans qu'il y prêtât d'attention.

Ainsi, un jour, de grand matin, ayant ouvert sa fenêtre, Nostradamus s'écrie, en regardant le ciel : « Il y aurait bonne chance pour ceux qui sèmeraient des fèves aujourd'hui ! » Un cultivateur qui passait l'entend, et plante des fèves. La récolte est superbe, et il en porte un boisseau à Nostradamus en lui exprimant sa gratitude. Nostradamus, surpris, lui demande la raison de son cadeau et, quand le paysan s'est expliqué, le bon docteur, qui redoute fort de passer pour sorcier, se jure d'être plus circonspect à l'avenir [1].

Pour se débarrasser de tous ces importuns, il décide alors de rédiger à leur intention un petit almanach où il répondra à toutes les questions que les salonais lui auraient posées au cours de l'année, et le voilà qui se met en devoir de prédire la récolte de carottes et de poireaux, le nombre de melons et d'olives qui rempliront les paniers à la saison prochaine, avec le temps qu'il fera, les pluies, les sécheresses, les bronchites et les coliques des bonnes gens de Provence, le tout entremêlé de conseils pour la terre et les plantes, et de recettes pour les poumons et les ventres.

Le succès en est prodigieux. Chacun se précipite

---

1. *Chronique de la ville de Salon*, par Louis Gimon (1882).

pour emporter ce livre précieux, où il trouvera réponse
à toutes les questions. Nostradamus respire plus
librement, et sourit dans sa barbe quand, traversant
les rues, il aperçoit les bonnes femmes qui se font
lire son almanach par les notaires essoufflés.

En 1553, les édiles ont décidé d'ériger une fontaine
publique. Le grand homme de Salon est mis, une
fois de plus, à contribution. Il doit fournir l'inscription
latine qui sera gravée dans le frontispice du monument, et le prophète, ce jour-là d'humeur facétieuse,
fait tracer dans le marbre triangulaire qui le trans-
mettra à la postérité le texte conservé encore de nos
jours aux archives de Salon.

Nous le trouvons, presque dans le même temps,
occupé d'une autre affaire qui lui tient fort à cœur,
car elle pourrait avoir pour lui les plus fâcheux effets
s'il n'y mettait promptement bon ordre. Un imprimeur de Lyon, qui a entre les mains ses « pronostications » pour l'année 1554 — pronostications que Nostradamus lui a fait remettre par un courrier à pied —,
au lieu de les publier telles qu'elles étaient écrites,
en a tiré une copie si corrompue et mutilée qu'on en
jugerait la matière inepte si elle était répandue dans
le public, ce qui ferait passer son auteur pour le plus
grand ignorant du monde. En conséquence, Nostradamus donne pouvoir à Me Antoine de Royer, dit
Lizerot, imprimeur à Lyon, de retirer des mains de
Me Bertot, dit La Bourgogne, imprimeur de la même
ville, l'ouvrage envers lequel il s'est si mal conduit. Il
charge son mandataire d'imprimer textuellement
ladite pronostication d'après leurs accords et l'autorise, en outre, à se faire remettre par Bertot ses
Ephémérides en français, si celui-ci ne les a pas encore

livrées à sire Jaumes Paul, marchand de Salon, auquel
le mandant avait donné mission de les réclamer. La
procuration, datée du 11 novembre 1553, est signée
chez Mᵉ Hozier, notaire à Salon.

Le bon docteur s'est fort échauffé à cette affaire,
qui a manqué le couvrir de honte, et il en a, durant
plusieurs jours, rebattu les oreilles de tous ses parents
et amis. Dame Anne Ponsart a entendu raconter
l'histoire une dizaine de fois. Le disciple bien-aimé
sait maintenant en quels termes énergiques le maître
vénéré traite ceux qui nuisent à ses œuvres, et le jeune
Adam de Craponne a vu le vieil ami de son père tout
agité par l'une de ces colères qui font époque dans
l'existence d'un homme. Mais il en a bien vite oublié
le sujet, car lui-même a l'esprit fort absorbé par son
projet de canal. Le Parlement de Provence, faisant
droit à sa demande, a ordonné, le 31 juillet 1554,
l'enquête qui doit l'autoriser à commencer les travaux. L'impatience d'Adam redouble quand « mestre
Jehan François, conseiller du roy et mestre rational
en icelle Chambre des Comptes » apparaît à Salon
afin de juger sur les lieux de l'opportunité d'un tel
dessein.

Les Salonais, alors, accourent vers le conseiller du
roy, se pressent autour de sa robe, et tous veulent
parler à la fois, dans l'impatience où ils sont de voir
construire le canal. Ils montrent leurs oliviers couverts de poussière, leurs pauvres légumes desséchés,
leurs maigres jardins rôtis par le soleil dont nul om-
brage ne les garantit. Les « hortolani » [1] font entendre
leurs doléances. Il y a bien les eaux de la Touloubre,

1. Jardiniers.

les sources de Talagard et des Aubes, **qui descendent**
des hauteurs voisines. Mais ces eaux-là sont **réservées**
aux moulins et eux, les « hortolani », n'ont le droit
de s'en servir pour arroser les jardins que de Pâques
à la Saint-Michel pour les eaux des Aubes et de Talagard, et du samedi soir au lundi, au lever du soleil,
pour celles de la Touloubre. Et encore sont-ils sur-
veillés par l' « eygadier », qui veille à ce qu'ils ne fassent
pas trop bonne mesure ! C'est un travail pénible et
décevant que de transporter de si loin tant de seaux
et de brocs, dont l'eau se perd en route. Ils en ont
les bras rompus, les reins brisés, et pour quel résultat,
mon Dieu ! La terre altérée boit avidement pendant
le temps qu'on l'abreuve, puis, quand on a cessé de
l'arroser, redevient tout aussi poussièreuse et stérile.
Les légumes s'étiolent, se recroquevillent, et eux, les
pauvres hortolani, ils en sont pour leurs peines et leurs
courbatures. Tandis qu'avec un canal qui **ferait à**
Salon une rivière artificielle, tout leur viendrait **sans**
peine ! Ils pourraient — enfin ! — se moquer de la
pluie qui n'est pas toujours en humeur d'arroser **les**
champs. Les oliviers porteraient des olives même **par**
les temps de sécheresse. Sans compter que rien n'em-
pêcherait d'installer de nouveaux moulins sur le
bord du canal.

L'histoire n'a pas conservé les paroles que Nostradamus prononça alors en faveur du projet de son
ami. Mais il est bien évident que le conseiller du **roy**
ne manqua point de prendre l'avis du grand **homm**
de Salon. D'ailleurs la nécessité du canal était **assez**
évidente pour que la cause de Craponne fût **aisément**
gagnée.

Quand ils apprennent qu'ils vont **enfin avoir satis-**

faction, les Salonais se montrent dans la plus vive allégresse. L'autorisation est donnée le 17 août 1554. Dès novembre, Craponne commence à ses frais, un petit canal de démonstration, d'un peu plus d'une canne de largeur [1]. Il amènera les eaux de la Durance dans l'étang de Berre, en passant par Salon et le Pertuis de Lamanon. La prise sera au pont de Cadenet, sur la Durance.

Nostradamus est fort intéressé par ces premiers travaux, dont il augure les meilleurs résultats, quand on lui apporte deux monstres, afin de savoir quels événements ils annoncent. L'un est un enfant né au village de Senas, l'autre, un chevreau du bourg d'Aurons, proche de Salon. L'enfant et l'animal ont chacun deux têtes, pourvues, si l'on en croit la chronique du temps, « de tous les organes de chaque tête ». Le gouverneur de Provence est là, et Nostradamus, devant lui, voit en ces deux têtes le funèbre présage des guerres de religion qui vont bientôt diviser la France en deux partis ennemis [2].

Ces querelles religieuses, dont il prévoit les atrocités, assombrissent son humeur. Il n'est guère délivré de leur obsession que la nuit, quand l'Esprit le possède. Alors les heures employées à écrire sous l'inspiration de celui qu'il traite tantôt d'ange, et tantôt de démon, sont pour lui des heures délicieuses, et la félicité dont il jouit à ce moment-là ne peut être comparée à aucune des joies ordinaires de la terre.

---

1. Le canal de démonstration avait 1ᵐ 25 de large. C'est deux ans après que Craponne lui donna 5ᵐ 50 de large.
2. *Histoire chronologique de Provence*, par Honoré Bouche. Livre X.

CHAPITRE VII

Nous sommes maintenant en l'an 1555, et le prophète, qui a déjà publié en 1552 son premier livre des Fardements et des Senteurs, s'apprête à donner au public son premier livre des Centuries.

Quel étrange travail il accomplit ! Il s'applique à être obscur, enchevêtre les idées, corrompt les termes, use d'un français bizarre où les adjectifs ne s'accordent pas toujours avec le substantif qu'ils paraissent vouloir qualifier. Ses verbes sont souvent au singulier quand leurs sujets semblent être au pluriel, et réciproquement. Il prend avec l'orthographe des fantaisies singulières.

Il ne s'exprime guère qu'à l'aide de symboles, mais il est quelquefois goguenard, et il semble qu'on l'entende ricaner dans sa grande barbe, à la manière d'un docteur Faust, quand celui-ci est seul dans son cabinet au milieu de ses cornues et appelle à lui le diable. Quelquefois Nostradamus sort de ses ténèbres et apparaît en pleine lumière, tel un archange éclatant· Alors il oublie ses métaphores, ses énigmes, ses allusions. Il clame sa prophétie presque nue, sans voile, dans sa vérité. Mais à peine lui a-t-elle échappé qu'il semble en avoir regret et se replonge dans une obscurité plus épaisse. Les vers de ses quatrains paraissent se suivre, mais la plupart du temps, l'esprit leur cherche en vain un sens.

Son texte est hérissé de mots hébreux, grecs, latins, italiens, espagnols, celtiques, romans, langues qu'il parle fort bien. Il écrit — et cela ne peut nous étonner de la part d'un homme de la Renaissance — avec la syntaxe latine, ses inversions de mots et de phrases. Ce ne sont qu'antithèses et amphibologies. Il use continuellement d'anagrammes, ainsi que le faisaient ses contemporains, à l'imitation des anciens. Rapis veut dire Paris. Nersaf, France. Argil, Alger. Chiren, Henri. Il ne parle jamais directement, mais il cache sa pensée sous des métaphores historiques et mythologiques. Il semble ne se soucier que d'être obscur et incompréhensible. Lui-même, d'ailleurs, annonce que son œuvre est « malice, trame et machination » [1]

« Il ne prédit guère que des malheurs, mais cache ce qui peut déplaire à ses protecteurs et nuire à sa fortune », écrit M. Le Pelletier. « Ses quatrains sont une sorte de jeu de tarots en vers, de kaléidoscope cabalistique. Sa manière le rapproche plus des oracles païens de l'Egypte, de la Grèce ou de l'Italie, que de l'inspiration sobre des prophètes canoniques. » Et ce même auteur ajoute : « Tout est ambigu dans Nostradamus : l'homme, la pensée, le style.

« L'homme, à la fois hardi et timide, simple et composé, enjoué et sinistre, clairvoyant et dissimulé,

_____

1. *Centurie* IV, § 6.

chrétien à la surface, païen peut-être au fond ».

Païen, il le fut sans aucun doute, et il avait l'âme d'un prêtre d'Osiris quand, penché sur le bassin d'airain, au milieu du parfum des cassolettes, il attendait l'apparition de son génie familier. Depuis sa plus tendre enfance, l'antiquité occupait son esprit. Il en avait étudié les religions, les philosophies, les mœurs, et les vieux textes du temple de Jérusalem — ce trésor qui, peut-être, bouleverserait les plus vieilles croyances du monde s'il venait à lui apparaître — lui avaient livré leurs inestimables secrets. Enfermé avec eux dans le silence de son cabinet, penché sur leur papyrus, perdu dans une étude qui le rejetait à plusieurs milliers d'années en arrière de son temps, n'ayant que peu de commerce avec ses semblables, il avait fini par se modeler à l'image des anciens , par adopter leurs croyances et jusqu'à leur tournure d'esprit. Aussi était-il tout étonné quand, sortant de ses vieux livres et regardant autour de lui, il voyait le monde tel qu'il était devenu. Il y trouvait alors l'Église toute-puissante et, tout épouvanté du païen qu'il sentait en lui, s'efforçait de se concilier ses faveurs. Pour cela, il allait chaque jour à la messe et suivait exactement les offices religieux. Pourquoi n'eût-il point prié dans un temple ? N'est-ce point ainsi que doit être honorée la Divinité ? Or il croyait puissamment — rien n'était plus éloigné de lui que l'athée ou même le sceptique — à la force invisible qui s'appelle Ammon chez les Egyptiens, Jupiter chez les Grecs et Dieu chez les chrétiens.

Quelle expression se lisait sur son visage, cependant qu'il écrivait cette œuvre appelée à déconcerter la postérité ? Avait-il l'air goguenard, et se réjouissait-il en pensant à tous ceux qui allaient peiner sur cette succession de formules algébriques et géométriques, sans parvenir à y rien comprendre ? Mais n'est-il pas écrit au chapitre XIV de l'Epître aux Corinthiens : « Je parlerai à ce peuple en des langues étrangères et inconnues, et après cela même ils ne m'entendront point. Le don de prophétie n'est pas pour les infidèles, mais pour les fidèles ? » N'était-ce pas, plutôt, une double expression de peur et de mépris qui le marquait : mépris du vulgaire, et peur du bûcher où l'Église envoyait, si promptement, tous ceux dont elle découvrait la sorcellerie ?

La révélation des choses futures lui ayant été faite soit, comme il le dit lui-même, par un génie familier, soit par un phénomène d'une nature particulière, lorsque la fureur prophétique tombait et qu'il revenait à lui, Nostradamus n'était-il pas effrayé de ce qu'il annonçait ? Connaissant la mentalité des gens de son époque, ne prévoyait-il pas que la publication de semblables prophéties soulèverait contre lui le peuple des campagnes et des villes ? Déjà ses confrères l'accusaient du crime d'astrologie. Aussi avait-il hésité longtemps avant de se décider à donner son œuvre au public. Il l'écrivit plusieurs fois en prose et en vers [1], et en rendit le style de plus en plus obscur,

---

1. M. Piobb qui, dans son *Secret de Nostradamus*, a étudié la méthode de travail du devin, estime qu'il écrivait d'abord en français son texte, qu'il traduisait en latin. Puis il retraduisait ce texte en français, comme le ferait un élève débutant s'exerçant à une version latine.

Exemple :

Texte original de Nostradamus : « Voici la mort qui s'approche. Ceci est mon cadeau royal et mon testament. »

car il ne fallait pas songer à la publier sous un faux
nom. On l'eût bientôt démasqué, et la ruse n'eût servi
qu'à augmenter la fureur de ses ennemis. Il préféra,
tel l'esprit prophétique caché dans le bassin d'airain,
parler en termes obscurs. Il eût, d'ailleurs, été très
mortifié que le vulgaire pût le comprendre. Il écrivait
pour les initiés, rois, princes ou mages, et non pour le
peuple.

Que ceux qui liront ces vers y réfléchissent mûrement,
dit-il, que le vulgaire profane et ignorant n'en approche
pas. Arrière tous les astrologues, les sots, les barbares.
Que celui qui agit autrement soit maudit selon les rites
magiques. [1]

Dans « les sots », il comprenait la plupart de ses confrères, car, en vérité, il était pour eux assez méprisant,
le docteur Nostradamus. Cependant il se montrait
charitable aux malheureux, et aimait à répéter, en
faisant l'aumôme : « La main du pauvre est la bourse
de Dieu. »

Homme troublant, énigme vivante, païen la nuit,
chrétien le jour, peut-être membre du Tiers-Ordre,
probablement en relations secrètes avec le pape, et
en même temps disciple de Branchus et de Psellus,
imitateur de la Pythie de Delphes, il a étreint l'horrible
peste sans dégoût, sans peur, alors que la plupart de ses

1re traduction : « Adhuc mors appropinquat, donum regale
legatumque. »

2e traduction : « Encore la mort s'approche, don royal et
légat. » (texte du quatrain 137 des Présages).

Ce serait là le grand secret de la lecture des prédictions.

1. *Centurie* VI, § 100, écrit en latin : « *Legis cautio contrà
ineptos criticos.* »

confrères, abandonnant leurs malades, s'enfuyaient épouvantés [1]. Et cependant il tremble au seul nom de magicien, il se débat, il se démène afin de prouver qu'il est bon catholique — et s'adonne en cachette aux pratiques condamnées par l'Église !

Il est sans ambition, il méprise les richesses. Nous l'avons vu plusieurs fois distribuer les présents considérables des villes reconnaissantes. Et pourtant il va bientôt paraître tout dépité quand le roi et la reine, l'ayant fait appeler à Paris, lui remettront une somme qu'il jugera bien maigre pour un homme qui vient de traverser toute la France.

Mais revenons à ce qui, pour l'instant, l'occupe, c'est-à-dire à ses prophéties, qu'il met en ordre avant de les donner à l'imprimeur.

Un arbre entier brûle dans sa cheminée, projetant des lueurs d'enfer sur le cuivre des alambics, et cependant, il fait froid dans le cabinet du docteur Nostradamus. Une buée glaciale s'est collée aux vitraux, et dehors, les gens sont encapuchonnés jusqu'aux oreilles. Le vent de mars cingle les visages, et, dans la campagne, les gelées brûlent les jeunes bourgeons. C'est un désastre pour la petite ville, où chacun croyait rentrer dans sa cave, aux vendanges prochaines, une bonne provision de vin. Si le froid persiste, il n'y aura pas le dixième de la récolte. Mais Nostradamus est loin de ces mesquines inquiétudes terrestres. Toute son attention se concentre sur l'épître qu'il place au début de son livre en guise de préface et adresse à

---

1. Elle règne maintenant à Salon et retarde la construction des murailles.

son fils César. En réalité, l'épître n'est pas destinée à son véritable fils César, âgé de quelques mois, mais à Chavigny, son fils spirituel, et à tous ses disciples dans l'avenir. Nostradamus apporte beaucoup de soins à prouver qu'il est inspiré de Dieu, et explique ainsi sa vocation prophétique :

L'emploi des anges, dit-il, étant d'attirer, par leurs saintes inspirations, les hommes à la parfaite connaissance de Dieu, comme le soleil jette imperceptiblement ses rayons et ses influences sur la terre, c'est-à-dire qu'en s'approchant de notre horizon avec sa lumière, il ne darde pas seulement du seul éclat de ses rayons toutes les choses élémentaires, mais encore il leur influe une certaine chaleur vivifiante qui fait pousser les végétaux et qui anime toutes les autres choses naturelles, de même ce bon génie, c'est-à-dire ce divin esprit, qui est notre bon ange, s'approchant imperceptiblement de nos entendements, ne leur communique pas seulement par ses lumières une autre lumière qui leur fait voir l'avenir, mais encore il nous inspire une certaine chaleur qui nous anime et qui nous fait pousser au-dehors, comme par un enthousiasme sacré, des vers prophétiques [1].

1. Il n'est pas nécessaire d'être un saint pour être un prophète. Balaam était un méchant homme, et pourtant il prophétisa la venue du Christ : « *Orietur stella ex Jacob et consurget Virgo de Israel.* » — Caïphe, dit saint Jean, ne prophétisa-t-il pas qu'il fallait qu'un homme mourût pour sauver tout le peuple ? Saül, qui persécutait David, ne prophétisait-il pas aussi ?

(La Concordance des prophéties de Nostradamus, par Guynaud — 1709).

Si l'on en croit l'*Exode*, chap. VII, les magiciens d'Egypte n'avaient-ils pas une puissance semblable à celle des prophètes ?

Puis il ajoute :

Après la terrienne mienne extinction,
Plus fera mon écrit qu'à mon vivant.

La première édition des Centuries, datée du 1er mars 1555, qui paraît chez Macé Bonhomme, imprimeur à Lyon a un succès prodigieux. A la cour, il n'est plus question que du prophète provençal. Tout le monde veut le connaître. Des poètes lui envoient des vers, ainsi qu'à ses éditeurs. Tous les gens de sens le regardent comme un homme privilégié. Salon connaît un redoublement de gloire. L'on vient même de l'étranger consulter l'oracle. La petite ville provençale voit défiler des convois de riches voyageurs, dont les costumes étrangers attirent tous les habitants sur le pas de leurs portes. Point n'est besoin qu'ils demandent la maison du docteur Nostradamus. Avant même qu'ils aient ouvert la bouche, on sait ce qu'ils cherchent et l'on s'offre à les conduire.

Beaucoup repartent, à vrai dire, la mine assez contrite. Ils vont la tête basse, secoués par le pas de leur monture ou les soupentes de leur véhicule, et tout le long du chemin qui les ramènera chez eux, méditeront sur les paroles sublimes du prophète. Mais ils auront beau se torturer l'esprit, ils ne parviendront pas à

Verset 20 : Aaron frappe l'eau du fleuve devant Pharaon et ses serviteurs, et l'eau fut changée en sang.

Verset 21 : Les poissons qui étaient dans le fleuve périrent ; le fleuve se corrompit, les Egyptiens ne pouvaient en boire les eaux, et il y eut du sang dans tout le pays d'Egypte.

Verset 22 : Les magiciens d'Egypte firent la même chose par leurs enchantements.

comprendre, et seront bien obligés d'avouer à ceux
qui attendent impatiemment leur retour et s'apprê-
tent à les accabler de questions, qu'ils ont fait ce
pénible et coûteux voyage pour ne rapporter qu'une
réponse dénuée de signification. Certains, plus infor-
tunés encore, n'ont même pas entendu le son de la
voix de l'oracle.

Si vous avez la chance de lui plaire et qu'il consente
à écouter vos questions, Nostradamus se montrera
d'un commerce agréable, et vous trouverez même que
sa conversation ne manque pas d'esprit. Mais n'allez
pas le contredire mal à propos, car alors il s'emporterait
et vous n'en pourriez plus rien obtenir. Surtout, que
le visiteur soucieux de conquérir ses bonnes grâces
ne s'avise point de se donner pour un philosophe et de
se moquer de l'astrologie. Qu'il ne montre pas qu'il est
sot ou railleur ! Il serait bientôt réduit au silence par
une plaisanterie dont il resterait tout déconfit et tout
penaud. Car l'homme illustre de Salon, qui parle
d'ordinaire en figures, et joue sur les noms de lieux
et de personnes, sait avoir quand il le faut un langage beaucoup plus direct.

Nostradamus n'était pas très bien portant, ce qui
le mettait de méchante humeur. Peut-être avait-il
pris froid le jour de Pâques, où le mistral avait soufflé
à la petite ville la glace des crêtes environnantes.
Le prophète souffrait de la goutte et devait rester
au coin de son feu, les membres tout empaquetés, un
foulard sur la tête, et un hanap de tisane à son côté.

Mais l'été chassa les douleurs avec les frimas du
printemps. La Provence retrouva son soleil, ses olives,
ses cigales la couleur éclatante de ses costumes et ses
joyeux divertissements. Lou Réi de la Badacho et Lou

Réi de l'Eyssado reparurent aux jeux de la Fête-
Dieu, pour la plus grande liesse du peuple, qui s'écrasait dans les rues de la petite ville. Les paysans étaient
accourus de tous les villages voisins pour les admirer
et se divertir en leur honneur. Lou Réi de la Badacho [1]
représentait l'industrie. Lou Réi de l'Eyssado [2] portait
une pioche en guise de sceptre. A côté de lui marchait
une jeune paysanne qui partageait sa royauté. Dans
le cortège qui les accompagnait, un agriculteur dé-
ployait son drapeau, un berger jouait du bâton, un
tambour de guerre battait sa caisse et quatre danseurs
sautaient au son de plusieurs tambourins [3].

Ces jeux avaient été institués par le bon roi René,
et le spectacle en était plaisant. Mais Nostradamus,
cette année-là, avait bien autre chose à faire que de
contempler leurs rustiques ébats. Henri II et Catherine de Médicis avaient écrit à Claude de Savoie,
comte de Tende, gouverneur de Provence, pour le
prier de décider lui-même le prophète à se rendre à la
cour. Henri II avait été vivement frappé par le quatrain 35 de la Ire Centurie, où Nostradamus prédit :

> Le lion jeune, le vieux surmontera
> En champ bellique, par singulier duel
> Dans cage d'or les yeux lui crèvera,
> Deux classes une, puis mourir, mort cruelle.

Bien qu'il n'y ajoûtat point grande foi, car son état
de roi semblait le garantir de la fin qu'elle promettait, le monarque ne laissait pas d'en ressentir un

1. La « badacho » était une hache de bûcheron.
2. L' « eyssado » était la pioche du laboureur.
3. *Histoire de Provence*, par L. Méry.

certain trouble, à cause de la concordance singulière de cette prophétie avec une autre prédiction de Luc Gauric qui, dès l'année 1552 lui avait recommandé « d'éviter tout combat singulier en champ clos, et notamment aux environs de la quarante-et-unième année, parce qu'à cette époque de sa vie, il était menacé d'une blessure à la tête qui pouvait entraîner la cécité ou la mort. » Surpris de retrouver le même avertissement dans les Centuries de Nostradamus, Henri II les avait fait enfermer dans une cassette, et souhaitait vivement connaître leur auteur.

Claude de Savoie était en fort bons termes avec « l'homme de Dieu », qu'il aimait et estimait. Il sut plaider éloquemment la cause du roi, et Nostradamus fit ses préparatifs de départ. Il se mit en route le 14 juillet 1556. Il avait un peu perdu le goût des voyages qui vous exposent au poignard des brigands, à la malhonnêteté des aubergistes, vous secouent sur de mauvais chemins, et vous laissent quelquefois tout pantois au milieu de l'ornière avec des harnais rompus et un attelage débandé. Et il faut sans cesse avoir la main au gousset ! Ce ne sont que pourboires ou péages du matin au soir ! Si la rivière est grosse, le voyageur se voit contraint de débourser trois sols par homme pour le passage. Il doit donner aux valets et chambrières du logis où il est descendu un sol pour leur vin, payer le boire des postillons, l'avoine des chevaux, partout répandre des deniers pour le dîner ou le souper, acheter en route des plats pour la viande, des pots pour la boisson, passer de la poste aux chevaux au bateau des mariniers, quelquefois monter la côte à pied pour soulager les bêtes, se livrer enfin, et cela pendant un long mois, à toutes sortes d'exercices fort déplaisants quand on relève de maladie.

Le commun des mortels, lorsqu'il ne montait pas sur un cheval, utilisait pour ses déplacements la haquenée, sorte de litière assez mal rembourrée dont les porteurs étaient deux chevaux à la file, aux harnais desquels s'ajustaient des brancards supportant une sorte de caisse plus ou moins recouverte. A chaque hostellerie où l'on dînait, les palefreniers dételaient, puis rajustaient les brancards, moyennant une paye de cinq sous. On cheminait le plus souvent au pas, pour ne pas fatiguer la monture et ne pas trop secouer le voyageur. A marcher de ce train, on arrivait souvent au gîte après le couvre-feu, et il en coûtait cinq sous d'amende.

Nostradamus, lui, appelé par le roi, dut pouvoir prendre la poste royale à Pont-Saint-Esprit. Louis XI l'avait instituée par l'édit de Doullens, du 19 juin 1464.

Soient mises et établies, disait cet édit, especialement sur les grands chemins de son dit roiaulme, de quatre en quatre lieues, personnes séables qui feront le serment de bien et loialement servir le roi pour tenir et entretenir quatre ou cinq chevaux de légère taille bien enharnachés et propres à courir le galop durant le chemin de la traitte... appelés maîtres tenant les chevaux courant pour le service du roy... auxquels maîtres est défendu de bailler aulcuns chevaux à qui que ce soyt et de quelque qualité qu'il puisse être sans le mandement du roy et du grand maître, à peine de la vie...

Nostradamus arriva donc à Paris, mandé par les uns, contremandé par les autres, ainsi qu'il le dit lui-même. C'était le jour du 15 août, et il y avait grande solennité dans toutes les églises.

Il avisa, proche Notre-Dame, une auberge qui était à l'enseigne de Saint-Michel. Cela lui parut d'un heureux augure, et il y descendit. Le voyage lui avait fait dépenser plus d'argent qu'il n'avait prévu, et il se trouvait si dénué d'espèces sonnantes qu'il allait devoir emprunter deux nobles à la rose et deux escus à un étranger, M. de Morel, avant de se présenter devant la reine. Il regardait donc d'un œil assez froid le terne ciel parisien, que tous ces gens au traînant langage dont il se voyait maintenant entouré déclaraient bleu avec bonne foi, quand la fille d'auberge, tout effarée, le vint avertir qu'un riche et noble seigneur le demandait. C'était Monsieur le Connétable, qui lui confirma en quelle impatience de le voir se trouvait le couple royal, et l'emmena incontinent à la cour, à Saint-Germain-en-Laye, où il vit les courtisans s'empresser à sa rencontre. Il se trouva, à chaque pas, embarrassé de gens qui déjà l'accablaient de questions et avaient grand désir qu'il tirât leur horoscope.

Sa personne excitait les plus vives curiosités. Les regards le détaillaient en toutes ses parties, allant du bonnet carré à la pointe des souliers, et l'on s'étonnait de son accent, qui avait apporté toute la Provence ensoleillée et chaude dans ces appartements musqués où les voix des mignons étaient languissantes et douces comme des voix de femmes. Lui-même contemplait cette jeunesse mignarde avec une certaine stupéfaction, et rien n'assure que l'un de ces délicats jeunes gens, avançant vers le robuste Méridional sa petite tête fardée dont les lèvres rougies demandaient le secret de l'avenir, ne se soit pas attiré quelque verte riposte.

Mais enfin la porte des appartements royaux s'ouvrit, et Nostradamus se retrouva devant la pâle Majesté que la fraise serrait au cou, et qui avait de longues jambes en-dessous du pourpoint bouffant.

L'idée de sa fin singulière et de l'annonce qui en avait été faite hantait l'esprit du monarque, dont la première parole fut pour savoir comment il mourrait. Nostradamus lui remit alors le quatrain paru quatorze mois plus tôt, et se retira pour être présenté à la reine. Avant de remarquer son menton fuyant, ses cheveux crépus, ses lèvres gourmandes, il dut être frappé par la blancheur de sa peau et se demander de quelle pâte secrète elle l'oignait pour la rendre aussi belle.

Cette reine et ce prophète étaient faits pour s'entendre. Tous deux aimaient l'Italie et ce fut pour eux un plaisir charmant d'en évoquer le souvenir dans la langue maternelle de Catherine. Tous deux s'occupaient de fards, l'un par goût naturel, l'autre par devoir professionnel, car le médecin, à l'époque, était plus souvent consulté pour la beauté du corps et du visage que pour la santé. Catherine de Médicis avait ramené d'Italie la mode des cosmétiques et des parfums, et donné à ses fils l'habitude de s'oindre et de se peindre comme des femmes.

Enfin, tous deux s'adonnaient aux pratiques secrètes et sacrifiaient aux divinités païennes. Le trône était entouré de mages. L'Église condamnait leurs pratiques, mais y recourait parfois, et le pape Paul III avait reçu à sa table le magicien Luc Gauric, parti de la cour de France, et l'avait nommé évêque de Civita-Ducale. Sous la couche légère du vernis catholique, on eût facilement découvert l'idolâtrie du Paris de la Renaissance, où les plus grandes dames sacrifiaient aux faux dieux comme des patriciennes romaines. Catherine de Médicis, nièce du pape Clément VII, ne se livrait-elle pas ouvertement à l'occultisme ?

Nostradamus, en sortant de chez la reine, rentra à Paris, mais ne retourna point à son auberge. Il se rendit à l'hôtel de l'évêque de Sens, où le roi avait donné ordre qu'on le logeât. Ce fut, à son égard, une aimable attention dont il dut se louer plus d'une fois, car ses gouttes l'ayant repris, il se vit contraint de garder la chambre pendant une dizaine de jours, ce qu'il vaut mieux faire chez un riche seigneur que chez un maigre aubergiste, encore qu'il y ait, chez l'un comme chez l'autre, des courants d'air sous les portes et des puces dans les lits.

Cependant qu'il restait là, à se morfondre en songeant à son lointain petit cabinet et à son cher génie familier, qui se garderait bien de répondre au pressant appel du vase d'airain maintenant que le mage habitait chez un prince de l'Église, le roi lui envoya cent écus dans une bourse de velours, et la reine, de son côté, lui en fit remettre trente. Ces présents trouvèrent le grand homme fort maussade. Les contemplant d'un œil plein de dédain, il grogna, à part lui, que c'était là une belle somme pour avoir fait deux cents lieues et avoir dépensé cent écus ![1] Il se sentait tout honteux de recevoir un si mince cadeau.

Cependant le roi et la reine étaient fort impatients

---

1. Extrait de la lettre que Nostradamus adressa à **M. de Morel** en 1561 pour lui rendre les deux nobles à la rose et les deux écus qu'il lui avait prêtés en 1556 — Lettre citée par l'abbé Torné-Chavigny, qui l'aurait lue en manuscrit à la Bibliothèque Nationale. — Nous n'avons pas retrouvé cette lettre.

de lui voir tirer l'horoscope des enfants de France, qui se trouvaient alors à Blois, et il lui fallut, dès que ses gouttes se calmèrent, se remettre en route et s'exposer de nouveau à l'humidité d'un climat qu'il jugeait fort contraire à son tempérament.

Nostradamus vit les petits princes. Il sut très certainement quelle suite de malheurs représentaient ces enfants, puisque ceux-là étaient déjà annoncés dans ses quatrains. Mais comment découvrir tant de deuils et d'accidents funestes à des parents qui attendent, pleins d'angoisse et d'impatience, d'être rassurés sur le sort de leur descendance ? A son retour à Saint-Germain, il ne parla point des dangers qui menaçaient les jeunes princes et que nul ne pouvait empêcher de s'abattre sur eux. Il se renferma dans des généralités lorsque Henri II et Catherine de Médicis l'interrogèrent, et se contenta de dire que les trois fils monteraient sur le trône, ce qui devait arriver. Sur quoi il revint à Paris, mais cette fois ne descendit pas à l'hôtel de Sens. Il logea tout seul, dans une petite maison proche Saint-Germain l'Auxerrois.

Il était la célébrité du jour, et tout Paris s'entretenait de lui. Les courtisans et les princes le comblaient de présents. Les poètes le chantaient. Ronsard l'appelait « le poète choisi » et reprochait à la France son mépris pour l'homme le plus extraordinaire des temps modernes. On devait avoir recours à lui comme médecin, car c'était un événement qu'il y en eût un de plus à Paris, qui n'en comptait qu'une vingtaine.

La bonne ville silencieuse, tout égayée de chants d'oiseaux, que c'était alors, Paris ! Il n'y avait pas encore de voitures publiques. Trois carrosses seulement roulaient dans la ville : celui de la reine, celui

de Diane de Poitiers, celui de Raymond de Laval,
seigneur obèse et riche. Les bonnes nuits qu'on y
devait dormir, bercé par la seule prière de ses innombrables cloches ! On n'entendait que des pas de bottes
et des fers de chevaux retombant pesamment sur le
pavé gras ; de loin en loin, le cri lugubre du veilleur
de nuit, un cliquetis de fer, un rude coup de heurtoir
à quelque porte.

Un soir, Nostradamus était occupé d'études secrètes
quand un page de l'illustre famille de Beauveau,
ayant perdu un beau chien qui lui avait été donné en
garde, se rendit à sa maison et, malgré l'heure indue,
voulut y entrer en disant qu'il venait de la part du
roi. Nostradamus, qui n'ignorait pas le motif de son
voyage, quoique le page ne l'eût pas annoncé, se
contenta de lui crier à travers la porte : « Qu'est-ce
que c'est, page du roi ? Vous faites bien du bruit pour
un chien perdu ! Allez-vous-en sur la route d'Orléans,
vous le trouverez, mené en laisse. » Le page, s'étant
rendu de ce côté, vit son chien qu'un valet tenait,
comme il lui avait été dit [1]. Il ne manqua pas de
conter cette aventure, et Nostradamus en retira une
célébrité plus grande encore. Honneurs, dépouilles
royales, joyaux, magnifiques présents de Leurs
Majestés, des princes et des grands de la cour lui
étaient chaque jour offerts. Et lui, plus il voyait
grandir sa renommée de prophète, plus il s'efforçait
de passer pour astrologue.

Il regagna bientôt sa Provence. Il le fit d'autant
plus volontiers que Paris ne lui paraissait pas un lieu

---

1. *La Vie et le Testament de Michel Nostradamus*, par Chavigny.

très sûr. En effet, à peine était-il revenu de Blois qu'une
« fort honnête femme » qui avait la mine et l'air d'une
dame de qualité, le vint avertir que ces Messieurs de
la Justice de Paris l'allaient visiter afin de l'interroger
sur la sorte de science qu'il pratiquait. Nostradamus
lui répondit qu'ils ne prissent pas la peine de venir
pour de telles affaires. Qu'il était tout prêt à leur céder
la place, car il avait résolu de s'en retourner le matin
même. Ce qu'il fit [1].

Il quitta donc Paris tout chargé de présents, et son
retour fut un triomphe. Le peuple, jusque-là peu respectueux envers le prophète, en voyant tout ce qu'il
ramenait avec lui, fut plein d'admiration. Nostradamus avait été reçu à la cour ! Il en faisait un héros,
couvrait sa route de fleurs, lui élevait des arcs de
triomphe. Les montagnards lui envoyèrent des députés,
afin de le consulter sur les jours propices ou néfastes
à l'agriculture. On lui attribuait la prospérité des
récoltes, si abondantes en vin cette année-là qu'on
n'avait pas assez de tonneaux pour le contenir. La
« meillerole », pour employer l'expression des gens
d'Aix, ne se vendait plus que dix sols et le vaisseau
en était venu à coûter beaucoup plus cher que le vin.

Nostradamus reçut le meilleur accueil de ses amis,
qui le fêtèrent fort bruyamment et l'accablèrent de
questions. Quand il eut satisfait à leur curiosité, il
fallut à son tour qu'on le mît au courant des derniers
événements survenus à Salon. Craponne, alors, se
montra plein d'espoir.

Il avait enfin trouvé l'argent nécessaire à ses tra-

1. Lettre de Nostradamus à M. de Morel, citée par l'abbé
Torné-Chavigny.

vaux, auprès de sa famille, des édiles de la ville de Salon et de ses amis. Parmi ceux-ci figurait Nostradamus qui, avant de partir pour Paris, lui avait consenti un prêt de deux cents écus, prêt régularisé le 27 juillet 1556 par-devant maître Laurent, notaire, et garanti par deux parents d'Adam, Paul Girard et Jehan Suffren. Le petit canal d'essai serait bientôt terminé. Les équipes de terrassiers y travaillaient sans relâche [1] et Pierre Reynaud, maçon de Salon, avait même commencé la construction des ponts. L'expérience allait bientôt prouver que les calculs d'Adam étaient exacts, et il suffira d'élargir le canal et de le prolonger pour faire de la plaine aride de Salon l'un des plus fertiles endroits de France.

Nostradamus félicita vivement son ami, et se plongea de nouveau dans ses chères études. Il termina alors une traduction de la « Paraphrase de Galien sur l'exhortation de Menodote aux études des bonnes arts, mesmement de médecine ». Comme dédicace il écrivit :

A très haut, très illustre, très magnanime et **très héroïque** Seigneur Monseigneur le baron de la Garde, chevalier de l'Ordre du Roy, admiral des mers du Levant, Michel de Nostredame son très humble et obéissant serviteur, baisant la main dextre de son trident envoie salut et fraternité.

L'ouvrage fut achevé le 17 février 1557, et Nostradamus l'envoya à Lyon, à Antoine de Rosne, qui se chargea de l'éditer.

---

1. Le prix de la journée est de six sous pour les patrons, quatre et demi pour les ouvriers, sur quoi ils doivent se nourrir.

Aux premiers beaux jours, Adam de Craponne décida d'expérimenter son petit canal d'essai. Il en fixa la date au dimanche 13 mai.

Au jour dit, le peuple se rangea le long du canal. Tout le monde parlait et gesticulait. Chacun montrait les travaux et donnait son avis. Beaucoup de gens hochaient la tête et s'inquiétaient de la pente du canal. L'eau, en coulant trop rapidement, n'allait-elle pas user la cuvette ? On les rassurait en leur faisant observer que l'ingénieur en avait adroitement ralenti l'allure par des coudes et des détours.

Puis, quand on sut que l'écluse était ouverte, il s'éleva de la foule une multitude de cris. Pour les uns l'entreprise devait réussir, pour les autres elle était vouée à l'échec. « L'eau viendra ! — Elle ne viendra pas ! » clamaient toutes les bouches. Les gens prétendaient se convaincre les uns les autres. Les gros bourgeois ignorants qui, d'ordinaire, vendaient de la chandelle ou des bonnets de coton, voulaient faire les savants et se servaient de termes qu'eux-mêmes n'entendaient point. Leurs épouses les écoutaient avec admiration, mais il y avait des contradicteurs. Comme les têtes étaient chaudes, les disputes éclataient.

Tout à coup, l'eau apparut dans le petit canal d'essai, qui l'amena jusqu'à Tavagardon, saluée par l'enthousiasme des Provençaux.

Adam de Craponne se montrait plein d'espoir. Il pensait que les plus mauvais jours étaient passés. Il allait dessécher les marais qui entretenaient les fièvres malignes en divers endroits de Provence, et prétendait que rien ne lui serait plus facile que de faire passer la rivière de Durance ou de Verdon dans la ville d'Aix.

Nostradamus avait moins de riantes pensées en tête, encore qu'il écoûtât son jeune ami avec le plus vif intérêt. Sa santé était mauvaise. Une grande lassitude l'avait envahi. Son pas s'alourdissait. Dame Anne s'inquiétait de lui voir le visage jaune, avec des poches sous les yeux. Elle-même était toute ronde dans sa robe, et attendait son troisième enfant [1].

Nostradamus s'enfermait de plus en plus dans la solitude de son cabinet. Une humeur mélancolique encombrait son esprit. La publication de son almanach commençait de lui causer un grand tort. Devant le succès extraordinaire de cet ouvrage, les imprimeurs en avaient édité une grande quantité de faux, qui

1. Chavigny déclare que Nostradamus eut six enfants de son second mariage, mais ne donne pas les dates des naissances.

L'aîné, Michel, né à une date inconnue, aurait composé quelques pièces d'astrologie imprimées à Paris en 1568. La Mothe Le Vayer écrit qu'il prédit, dans un almanach, que Le Pouzin, devant lequel on avait mis le siège en 1629, périrait par le feu ; que, pour ne pas passer pour faux prophète, il mit lui-même le feu pendant le pillage qui suivit la prise de la place. Saint-Luc, indigné, lui aurait fait passer son cheval sur le ventre et l'aurait tué. Ce récit nous paraît bien incroyable, car Michel Nostradamus fils aurait eu, au moment du siège de Pouzin, environ quatre-vingt ans, âge peu propice aux exploits d'incendiaire à la suite des armées.

Le second, César, baptisé a Salon le 13 décembre 1556. Son parrain aurait été Jacques Sufredi ou Suffren consul. Mort en 1629, il laissa une Histoire et Chronique de Provence, imprimée à Lyon en 1614.

Le troisième devint capucin. Son prénom devait être André. Il fut baptisé le 3 novembre 1557.

Les trois autres enfants étaient des filles. L'une d'entre elles fut baptisée le 8 septembre 1561. Son parrain était Guillermus Confredus. Sa marraine, Madeleine, aurait été une autre fille de Nostradamus.

portaient sa signature. Le prophète avait eu beau protester, leurs mensonges le diminuaient dans l'esprit des gens. Les paysans se gaussaient de cet astrologue qui annonçait la pluie quand c'était le soleil qui brillait au ciel, et promettait des fèves le mois où l'on ne récoltait que des potirons. Ils en savaient plus que lui, eux sans calculs et sans instruments, rien qu'en regardant la forme des nuages et l'aspect de la terre. Ils commençaient donc de débiter de lourdes plaisanteries sur le grand homme de Salon. Les médecins, dont Nostradamus avait pris et guéri la clientèle, lançaient des paroles envenimées au milieu des gros rires rustiques. Tous ceux que le devin avait blessés dans leur amour-propre ou gênés dans la conduite de leurs affaires, bavaient leur haine. Ses confrères et les philosophes se montraient les plus enragés à lui nuire. Il en avait traité beaucoup de sots et d'ignorants. Ils ripostaient en l'appelant sorcier, faux prophète, visionnaire et charlatan. Les poètes s'en mêlèrent. Jodelle lui-même écrivit contre Nostradamus un distique latin. Sur quoi les amis du devin ripostèrent par un autre distique [1].

Nostradamus voulait ignorer ces injures et prétendait y échapper en se renfermant dans la solitude hautaine de l'homme supérieur, toujours incompris des populations ignorantes. Mais il avait beau faire,

1. Distique de Jodelle :
« Nostra damus cum falsa damus, nam fallere nostrum est,
Cum falsa damus, nil nisi nostra damus. »

Distique des amis de Nostradamus :
« Vera damus cum verba damus quæ Nostradamus dat,
Sed cum nostra damus, nil nisi falsa damus. »

les propos de ses ennemis bourdonnaient à ses oreilles comme un essaim de mouches, et il en ressentait cruellement les piqûres. Il était plein de colère. Le terme de sorcier lui semblait particulièrement mal-sonnant, car il le jugeait propre à lui attirer certains de ces désagréments qu'il avait mis toute sa sagesse et sa prudence à éviter. Rien, en effet, ne l'épouvantait comme la perspective d'un démêlé avec l'Église, et il apportait un grand enragement à vouloir démontrer son orthodoxie. Aussi l'affirmait-il, une fois de plus, à Henri II dans l'épître qu'il lui écrivait pour la mettre en tête d'une nouvelle édition de ses Centuries.

Protestant devant Dieu et ses saints, dit-il, que je ne prétends mettre rien par écrit en la présente épître qui soit contre la vraie foi catholique, conférant les calcula-tions astronomiques.

La nouvelle édition, augmentée de plusieurs qua-trains, eut le même succès que la première [1].

1. La première édition (de 1555) contenait les sept premières Centuries, précédées de l'Epître à César.

La seconde édition, de 1558, comprend en outre trois nou-velles Centuries, précédées de l'Epître à Henri II.

La lettre à Henri II, qui sert de préface à la 2e partie des Centuries, est encore plus incompréhensible que l'Épitre à César, et pourtant elle contient la clef.

Elle fixe le point de départ des prophéties : 14 mars 1547.

Elle donne, sous le prétexte de chronologie biblique, deux séries de nombres fort arbitraires à première vue, mais qui constituent la clef qui permet, par des séries d'additions, d'en-chaîner les vers et les dates pour en tirer un sens.

C'est cette clef que Nostradamus donna à Catherine de Médicis et à Henri II, mais elle s'arrête en 1792, prévoyant le remplacement du calendrier Julien par le calendrier républicain.

Lorsqu'il donna sa clef, la Centurie VII comportait 42 qua-

Mais les ennemis de Nostradamus haussaient le ton. Les médecins allaient partout répétant qu'il était possédé du diable. On écrivait contre lui. Laurens Videl publiait en Avignon, chez Pierre Roux et Jean Tramblay, sa « Déclaration des abus, ignorances et séditions de Michel Nostradamus, de Salon de Craux en Provence, œuvre très utile et profitable à un chacun ; nouvellement traduit du latin en français, avec privilège. »

Nostradamus, dans son cabinet, se penche sur le livre de ce sot grossier, qui lui dit :

Si je te voulais démontrer tous tes abus, il te faudrait réduire tous ces almanachs et présages qui sont pleins d'erreurs...

Il se garde bien, d'ailleurs, de rien démontrer.

Mais, quand tu voudras retourner faire des prophéties, il te faudra prendre bonne quantité de semence de lin, avec racine d'althe [1], afin d'en faire parfum et ramollir ton cerveau, car il est trop dur...

Les mains du savant se crispent sur sa table. Le cuistre le traite de « galeux, rogneux, pauvre sot,

trains. Il en ajouta deux, dont le 44me est très clair et annonce que Louis XVI sera guillotiné. C'est à partir de cette date — 21 janvier 1793 — qu'il faut reprendre le jeu des nombres de la clef.

La martingale pourtant s'arrête de nouveau en 1924.

Les Centuries devaient être douze et non dix. Nostradamus a écrit « fin » après la dixième, mais a composé les Centuries 11 et 12. Conservées par son neveu Henry Nostradamus, elles furent publiées par Sevé sous Henri IV.

Le Secret de Nostradamus, par Piobb.

1. Guimauve.

ignare, gros âne et grosse bête... » d'ignorant qui ne sait pas calculer le mouvement des étoiles ! Et Nostradamus ne peut riposter, confondre l'imbécile en lui sortant ses vieux livres égyptiens qui réduiraient à néant les niaiseries de sa science moderne !

Sa tête retombe lourdement sur sa poitrine. Son regard s'éteint. Une grande fatigue se lit sur son visage. Il est né trop tôt. Il se sent las de l'ignorance des hommes, lui qui sait peut-être que la terre est ronde et qu'elle tourne dans l'espace [1]. Ah ! le crier au monde, confondre ce ramassis d'ignorants prétentieux et affirmatifs que sont ses semblables, dire enfin tout haut ce que pensent tout bas ceux qui savent... « On t'accusera de sorcellerie ! Déjà l'on te soupçonne d'un commerce avec le diable. Prends garde ! » murmure sa prudence toujours en éveil.

Nostradamus jette rageusement le livre du confrère au sol. Que la bêtise continue de s'épanouir ! Il n'a pas l'âme d'un martyr ! Il ne veut pas agiter la torche de la science dans les supplices ! Il laisse les hommes avec leur ignorance et crache sur eux son mépris. .

Mais quelle solitude affreuse, par instants ! Il en est accablé. Une sueur lui coule sur le corps. Et chez lui-même, dans ce logis que dame Anne tient à sa convenance, au milieu des servantes curieuses et bavardes qui prêtent l'oreille à tous les propos pour les colporter ensuite par la ville et souvent causer mille désagréments à ceux qui les ont tenus, qui le

1. C'était encore le système de Ptolémée. Le livre de Copernic *De Revolutionibus Orbium Cœlestium* ne devait paraître qu'en 1566, et la nouvelle théorie ne se répandit que beaucoup plus tard. Le procès de Galilée est de 1633.

comprend ? Dame Anne est une sage et pieuse personne. Mais que dire à une femme ? Elle n'a point l'entendement des choses supérieures. Dieu l'a créée uniquement pour engendrer, conduire sa maison, surveiller les servantes, filer à son rouet, et la sienne n'a que faire de s'occuper d'astres quand ses maternités successives absorbent tout son temps et réclament tous ses soins.

Solitude...

Le savant pensif veille, à côté de sa lampe... Au loin son nom est célèbre. Paris le prononce avec un grand respect. De sa petite ville provençale, Nostradamus conseille la reine, qui suit aveuglément toutes ses recommandations, les grands de France, d'Italie, d'Espagne le consultent. Mais ici, tous le méconnaissent ! Le paysan, dont la tête est plus dure que le roc du château, rit stupidement aux niaiseries qu'on débite sur son compte. Le bourgeois tremble quand il l'aperçoit, car il craint de frôler en sa personne une créature du diable. Les femmes recommandent à leurs enfants de ne pas l'approcher, et il n'est pas rare qu'il reçoive quelque injure en passant dans les rues. Le visage crispé, la barbe fourchue, Nostradamus tend le poing vers la petite ville. Tous ses habitants sont pleins d'ignorance, de barbarie et de brutalité !

Parfois, il lui prend l'envie de s'en échapper. Mais où aller ? Il n'est plus le libre étudiant qui emporte tout son bien sur le dos et toute sa fortune dans une méchante bourse de corde pendue à sa ceinture ! Il a pris femme, et la sienne est attachée au pays. Elle y a des terres, des alliances. Que dirait-elle s'il lui fallait déménager avec ses trois ou quatre enfants [1], abandonner une maison où elle a ses aises, ses habitudes, pour entrer dans une autre qui ne serait point ordonnée à son goût, et vivre en une ville étrangère ? Non, cela ne se peut. Nostradamus doit rester attaché là où il s'est fixé, là où il a fondé une famille. La seule distraction qu'il puisse s'accorder est d'aller à sa maison de campagne faire des observations astrologiques.

Et la solitude retombe sur lui comme un drap funèbre. Dans le silence de son cabinet, il croit entendre les nasillements haineux des mauvais médecins dont il a démontré l'ignorance ou la turpitude. Ils bavent sur lui, et le peuple imbécile les écoute bouche bée. Leurs paroles empoisonnées se répandent, deviennent article de foi ! Nostradamus est un menteur ! Ses prédictions sont fausses ! Le diable l'inspire !

Le prophète essuie son front moite sous son bonnet.

Devant la trahison de ses anciens amis et le grossier mépris du peuple, il s'est retiré du monde, et l'on dit que, serein et calme, il s'adonne à l'étude des sciences les plus hautes. Serein et calme ! Ah ! si l'on savait quelle tempête, quels cris de rage et de douleur battent ce front du savant studieusement penché sur ses cartes, et dont le compas enjambe deux astres !

Toutes les paroles amères lui remontent au cœur comme une bile et lui donnent le dégoût des choses terrestres.

Soudain la porte s'ouvre et le doux : « Salut, maître » quotidien sonne à son oreille et le ravit. Aymes de Chavigny s'incline au seuil du cabinet. La solitude

1. Voir note page 172.

est vaincue! Celui-là est le fils spirituel de Nostradamus, son disciple bien-aimé, la joie dernière, la suprême douceur de sa vie, l'intelligence de son intelligence, la pensée de sa pensée. Avec lui, le prophète n'a point de secrets. Il écarte les ténèbres qui recouvrent ses prophéties, lui donne la clef qui lui permettra de les contempler dans la nudité resplendissante de leur vérité, et l'initie à ses plus mystérieuses pratiques.

Il en est une, cependant, qu'il dut hésiter à lui découvrir : la lecture des vieux livres égyptiens, enlevés peut-être au Saint des Saints du temple de Jérusalem. Il a eu peur des idoles dont ils ont empli son esprit, de ces idoles qui parfois prennent une telle apparence de vie, une telle ressemblance avec la divinité de l'Éternel, que Nostradamus ne sait plus distinguer le faux dieu du vrai. N'ont-elles pas fait de lui un païen ? Maintenant qu'il vieillit, maintenant que l'amertume l'a envahi et qu'il sent son corps s'acheminer vers la tombe, Nostradamus éprouve le besoin d'épurer sa religion. On le voit souvent à confesse. Avoue-t-il alors ses opérations magiques, renouvelées de la Pythie de Delphes ? Répète-t-il ses incantations à son confesseur, lui fait-il la confidence du vase d'airain, de la baguette ordonnatrice et du pacte signé avec les démons ? De quel air le Cordelier a-t-il reçu ses aveux ? De quel souffle véhément a-t-il renversé les vieilles idoles et leur apparence de vie ? Quelle terreur a-t-il su inspirer au savant ? C'est un homme d'un mérite rare, s'il est parvenu à ramener la paix dans le cœur troublé du vieux prophète !

Mais voici que des pas retentissent dans l'étroit escalier en spirale qui mène au cabinet du docteur. Des voix crient au miracle. On appelle Nostradamus,

on le réclame. Le miracle n'est-il pas son affaire ?
Le grand homme a un ricanement amer dans sa barbe
blanchie. Voilà bien les gens de Salon ! Ils le décrient,
mais ne peuvent le laisser en paix ! Tout à l'heure ils
le traitaient d'ignorant. Maintenant ils veulent son
avis. Quand ils s'en retourneront, ils le diront sorcier.

Le maître descend lentement vers eux. Il a le pas
fatigué, le corps pesant. Que lui veut-on ?

Les visiteurs sont tout émus. Ne voit-on pas une
infinité de miracles, en la ville d'Aix, dans l'église de
N.-D. de l'Annonciade, où l'on dépose devant l'autel
saint Antoine les petits enfants décédés sans baptême ? Presque tous ces petits enfants recouvrent un
peu de vie pour y recevoir le précieux sacrement qui
leur permettra d'entrer au paradis. Or, voici que le
27 février, premier dimanche de Carême, au moment
où les religieux chantaient le *Te Deum* pour le baptême
de l'un de ces enfants, alors qu'il n'y avait d'autre
lumière dans l'église que la lampe ordinaire du Saint-
Sacrement et un cierge sur l'autel, un éclair, semblable
à un rayon de soleil, traversa le grand vitrail, pour
s'en venir mettre le feu miraculeusement à l'un des
sept cierges d'un gros chandelier haut élevé de terre,
et cela à la vue et au témoignage de plusieurs personnes
de probité, au nombre desquelles se trouve le grand
vicaire de l'archevêché d'Aix [1]:

Nostradamus les écoute sans broncher. Il songe à
Archimède et à la flotte que le savant incendia. Mais
s'il parle de la propriété des lentilles, ne va-t-on pas
crier partout qu'il veut déposséder Dieu de ses mira-

1. *Histoire chronologique de Provence*, par Honoré Bouche.
Livre X. 1764.

cles ? Que ses concitoyens restent donc avec leur ignorance et leurs superstitions ! Il ne dira rien !

Mais les bonnes gens n'ont guère le loisir de s'étendre sur cette histoire merveilleuse du cierge allumé par le feu du ciel. Le Conseil Général de la communauté, à la demande d'Adam de Craponne, a décidé, le 21 mai, « qu'on lui baillera deux crousades », c'est-à dire deux journées de prestations, pour achever les fossés. La population totale étant de cinq mille quatre cent quarante habitants, cela fait environ quatre mille journées de travail. Voilà donc les Salonais, pioche en main, occupés à creuser leur canal. Rien n'est plaisant comme de voir les bons gros bourgeois, serrés dans leur pourpoint et tout cramoisis, soulever leur pelletée de terre en suant et soufflant. Ceux qui ne travaillent pas encore les viennent regarder et interpellent leurs amis. Les marchands, essoufflés, se relèvent, s'épongent le front, s'appuient sur le manche de leurs pelles. On échange des réflexions, on s'émerveille des transformations de la petite ville. La perspective de l'eau met tout le monde en liesse. On ne peut concevoir qu'il y en aura bientôt, là, tout près, à portée de la main, où l'on puisera à discrétion. En attendant qu'elle y coule, la sueur des Salonais arrose le fossé.

Nostradamus les voit avec plaisir user leurs forces à se creuser un beau canal, car, de la sorte, ils en auront moins pour se quereller entre eux au sujet de la religion, qui leur échauffe de plus en plus la tête et les rend fort turbulents.

Cependant les colères s'apaisent momentanément. On oublie Nostradamus, les hérétiques et les sorciers, pour ne plus penser qu'aux préparatifs de la fête. Elle aura lieu le dimanche 20 avril 1559. Ce jour-là, l'eau fera sa première apparition dans la ville !

On taille des robes, on empèse des coiffes, on cuit des gâteaux. Tous les cousins, toutes les cousines, les neveux, les oncles, les amis de la campagne, sont invités à venir assister à ce spectacle merveilleux. Et ils arrivent tous. Ils n'ont garde de manquer l'occasion d'un tel divertissement. Depuis la veille, ils défilent dans les rues. Beaucoup viennent en chars à bœufs où l'on voit plusieurs familles réunies. Ils ont des tambourins, des galoubets, des flûtes. Le vacarme est assourdissant, et de beaux costumes paysans débordent des auberges. Les plats sonnent dans le joyeux tumulte des cris et des chansons, cependant que des cottes hardies et des casaques raides tournent au son des musiques. Jamais Salon n'a vu autant de monde entre ses murs.

Et comme les bourgeois sont fiers ! Ils ont tant de belles choses à montrer aux campagnards, qui n'en pourront jamais faire autant ! Ne faut-il pas les mener vers la nouvelle enceinte, éclatante de blancheur dans sa robe de pierre neuve ? Hein ! Que l'on n'aille pas dire, maintenant, que Salon n'est pas une place forte ! Ils donnent des chiffres, les exagèrent même un peu, car ils ont l'imagination vive et pensent qu'ils en prendront eux-mêmes plus d'importance. Mais c'est surtout quand ils marchent du côté du canal qu'ils redressent la tête et montrent de la fierté. Ils l'ont creusé eux-mêmes, à la sueur de leur front, à la fatigue de leurs bras ! Sans eux, rien ne serait ! Pour un peu, ils oublieraient Craponne ! Certains se vantent de lui avoir donné des conseils. Si tout va bien, ce sera grâce à leur sagesse. Mais les paysans demandent à voir le grand homme dont le nom a retenti par toute la Provence. Justement il arrive. Il est entouré des consuls de l'année, Antoine de Cadenet, son beau-frère, et Louis Paul, son futur allié, Joseph Roche, assesseur, Berenguier Chailhol, trésorier. Il y a aussi le capitaine de la garde, Jehan d'Isnard, le cousin germain d'Adam, avec sa milice en grande tenue, le Conseil Général formé des notables citoyens de la ville, dont le concours effectif a tant contribué à la réussite de l'entreprise, et enfin le clergé avec ses congrégations religieuses, ses encensoirs, ses thuriféraires, ses croix et ses bannières.

La foule compacte se presse sur les berges, depuis le rocher de la Baume jusqu'à l'entrée de la ville. Le spectacle est éblouissant. Le haut château perché sur sa roche abrupte est le gigantesque guetteur qui, le premier, apercevra la barre liquide, au métallique reflet, que l'on va bientôt voir s'en venir de l'horizon à la vitesse d'un cheval au galop. Des soldats casqués de plumes regardent par les créneaux des remparts. Le soleil brille à la pointe des hallebardes, miroite sur les plaques des poitrines, flambe entre les mains qui élèvent les flambeaux, et celles qui portent l'ostensoir ont l'air de tenir un globe de feu.

Mais voici qu'une longue clameur part de la foule, dont toutes les faces sont tournées du même côté. L'eau arrive ! Elle s'élance du rocher de la Baume, s'allonge, brille comme de l'acier fondu. Le soleil, déjà, s'étale sur elle. Il pétille et l'éclabousse. Elle est là, elle lèche les bords du canal, où des milliers de pieds trépignent d'aise. Ses vagues sont courtes, pressées, sifflantes, et cependant que le clergé la bénit aux hurlements enthousiastes du peuple, elle court vers la ville, s'y engouffre par le trou de la Tour du Portal

Coucou, et enfin se jette, tout écumante, dans le Fossé des Vidanges.

Le miracle est accompli. Salon a de l'eau ! Le désert va se couvrir d'un vert feuillage. Mille ruisselets capricieux, dérivés du maître fossé, y entretiendront le sol en une délicieuse fraîcheur, d'où naîtront les plus beaux légumes et les plus beaux fruits. L'orgueil déborde des Salonais. Certes, Adam de Craponne a conçu l'idée, a tracé les plans. Mais aurait-il exécuté « ces fossés de Durance », je vous le demande, sans leurs beaux deniers et sans l'effort de leurs muscles ? César Nostradamus écrira plus tard, dans ses Chroniques de Provence :

Là, tout le peuple assemblé, non pour voir enfanter une montagne, avec moquerie et risée, mais comme au spectacle de quelque miracle nouveau, reçut l'eau avec applaudissement, étonnement et joie autant incroyable qu'inespérée. En ce principalement que plusieurs sages avaient cru, voire même semé, que Craponne avait entrepris l'impossible et l'infaisable.

Mais une nouvelle fête attend les Salonais. Le 26 mai 1559, la ville organise une procession générale pour rendre grâces à Dieu de la paix de Cateau-Cambrésis, conclue avec les Anglais.

Nostradamus sans doute, lui aussi, passe lentement dans les rues, derrière les statues et les bannières, car il ne doit pas négliger cette occasion de se montrer bon chrétien. Peut-être même tient-il un cierge et chante-t-il avec les dévots. Mais peut-on affirmer que son esprit n'est pas très loin de la pieuse cérémonie, cependant que son corps se donne toutes les apparences d'une grande ferveur ? L'astrologue se préoccupe fort de certaine éclipse très prochaine, où il espère reconnaître de grands événements pour l'avenir. Il l'observe bientôt avec une vive curiosité, et déclare que l'Église universelle va subir une persécution qui ne prendra fin qu'en 1792.

Il est encore fort occupé de cette conjonction astrale, quand lui parvient l'annonce de l'accident mortel du roi. Les détails qui lui sont alors fournis réalisent singulièrement chacun des vers de sa prophétie.

Henri II, voulant donner un grand éclat aux noces de sa fille Elisabeth de France, a fait publier à son de trompe dans les rues de la capitale qu'il y aurait un grand tournoi, le 1er juillet 1559, près de la Bastille Saint-Antoine. Le roi, s'y étant rendu, a rompu des lances pendant une partie de la journée. Comme le soleil commençait de pâlir, le duc de Savoie a prié le roi d'abandonner le jeu. Mais celui-ci, possédé d'une ardeur guerrière qui ne lui était point habituelle, a défié le comte de Montgommery et l'a forcé de combattre contre lui. Le jeune capitaine, après s'être dérobé plusieurs fois, a couru sur le roi avec un tel emportement et lui a porté un si rude coup à la tête que le tronçon de la lance s'est brisé. Il est alors entré dans la cavité de l'œil droit. Le roi a souffert cruellement pendant dix jours, ainsi que Nostradamus l'avait prédit.

Aussitôt après l'accident, on s'est souvenu de son quatrain. Le Connétable l'a fait chercher et s'est écrié : « Que maudit soit le devin qui prédit et si mal et si bien ! »[1]

---

1. Rapporté par l'abbé Torné-Chavigny.

François a succédé à son père. Il est âgé de seize ans, roi de France et d'Écosse, du chef de sa femme, Marie Stuart, épousée l'année précédente. Catherine de Médicis exerce la régence.

Le prophète n'a-t-il pas un grand frisson d'épouvante en voyant ses propres prédictions se réaliser ainsi en tous leurs détails ?

Mais la funeste nouvelle n'a pas encore eu le temps de faire le tour de Paris, et déjà les ennemis de Nostradamus, pour le perdre, l'accusent d'être secrètement favorable aux protestants. Ils n'appuient leur accusation d'aucune preuve, mais le peuple n'en demande pas tant et crie au magicien, au parpaillot. Les faubourgs font un mannequin à sa ressemblance et le brûlent aux hurlements de toute la populace, en attendant que l'Église mène l'original tout vif au bûcher [1].

Quand il apprend ces choses, Nostradamus en conçoit un mortel chagrin. Les Salonais, eux, accueillent la nouvelle de la mort du roi avec un sentiment de crainte mêlé d'admiration pour leur grand homme. A la vérité, ils ont d'autres soucis en tête, et ne prêtent que peu d'attention aux événements du royaume. La sécheresse les préoccupe bien davantage. Depuis sept mois il n'a pas plu, et les céréales, les oliviers, les vignes se dessèchent. Tout périt, hormis les arbres et les plantations arrosés par les « eaux de Durance » qu'on doit à Craponne. Ceux-là sont si verts et si vigoureux, qu'en dépit de l'implacable ciel qui ne veut plus abreuver la terre, ils

1. *Histoire et Chronique de Provence*, par César Nostradamus.

donnent à Salon une plus-value de sept à huit mille écus d'or [1].

Il fallut bientôt apprêter la ville pour l'arrivée de la duchesse de Savoie. Le duc, son mari, s'en retournait vers Nice après le sacre de François II [2], lorsqu'il avait appris que la peste ravageait ses États. Il s'était arrêté, en octobre, à Salon, où l'on attendait maintenant la duchesse, qui l'y devait venir rejoindre. La ville se mit en de grands frais pour la bien accueillir. Dais à crépines d'or, toilette des rues, gras présent de douze chapons et de quatre dindes, trois tonneaux de vin rouge et de vin blanc, rien ne fut épargné pour cette réception, qui coûta à Salon deux cent cinquante-six florins. Tous les habitants secouaient leurs tapis avant de les pendre aux fenêtres, et il y en avait qui sortaient aussi la courte-pointe de leur lit, tant elle était belle en son taffetas cramoisi ou feu brodé de grands chiffres.

Quand arriva l'heure où la duchesse devait entrer en ville, les consuls de Salón, portant sur l'épaule les insignes de leur charge, s'en allèrent l'attendre à la porte du rempart, sous un dais de velours cramoisi-violet.

Nostradamus, que l'on voit parmi les notables, a le visage souriant. En sa qualité de poète du lieu, il vient de composer, en l'honneur de la princesse, quelques inscriptions que l'entourage a déclarées de fort bon goût. Celle-ci entre autres a suscité beaucoup de murmures flatteurs :

1. Registre des Délibérations de la Communauté.
2. 21 septembre 1559,

Sanguine Troianno Troianna
Stirpe creata et regina Cypri.

Cette petite revanche de son amour-propre lui fait oublier momentanément les tracasseries de ses confrères, et c'est en se promettant de retirer le plus d'agrément possible de la présence de cette princesse, que son goût pour les belles-lettres a fait surnommer la « Pallas de la France », qu'il en voit arriver le cortège silencieux. Son aspect est funèbre. Tout s'y montre revêtu du deuil du roi, officiers, demoiselles, pages, laquais, équipages et carrosses. Les grands chevaux drapés marchent au pas. Le ciel de décembre, bas et sombre, pèse sur les hommes, éteint l'éclat des tentures, enveloppe les bruits d'une invisible ouate, et tout paraît morne, usé, sali.

Les rues sont traversées, de distance en distance, par des guirlandes de buis et de romarin d'où pendent les armes de France et de Savoie. Le sol est couvert de sable de carrière et d'herbes aromatiques. Les cloches des églises carillonnent, et, cependant, il n'y a pas un seul cri de joie. Muets et respectueux, les Salonais regardent passer le cortège qui monte vers le château, puis l'accompagnent en silence jusqu'au portail.

On voit alors, souvent, Nostradamus gravir la pente qui mène à la vieille demeure crénelée, où il se plaît fort à deviser avec la princesse, de lettres, de sciences et surtout d'astrologie.

Mais la peste ayant pris fin en Italie, le duc et la duchesse repartent dans le mois de janvier de l'année 1560, accompagnés jusqu'aux limites du territoire par les consuls et les notables. Le pauvre Nostradamus regarde s'éloigner le cortège d'un air mélancolique.

Ce sont les plus exquises douceurs de la civilisation et de l'esprit qu'emporte avec lui ce grand embarras de carrosses, de chevaux et de gens qui fait tant de bruit sur la route. Le voilà de nouveau seul, abandonné à la barbarie et à la grossièreté de ses concitoyens [1].

1. D'après la Chronique de la ville de Salon, par Louis Gimon.

CHAPITRE VIII

MAGICIEN DE LA REINE

Cette fois, son affreuse solitude est de courte durée.

Catherine de Médicis, depuis la mort d'Henri II, s'adonne de plus en plus à l'astrologie. Elle a quitté les Tournelles pour s'installer au Louvre. Mais Cosme Ruggieri lui ayant recommandé de se méfier du néfaste Saint-Germain, elle abandonne bientôt le Louvre, placé dans la paroisse Saint-Germain l'Auxerrois, et fait construire l'hôtel de Soissons, qu'elle a soin de munir d'un observatoire. Elle prend pour armes une étoile entourée d'un serpent se mordant la queue sur fond d'azur avec cette devise : « *Fato prudentia major.* »

Au château de Chaumont-sur-Loire, elle s'est réservé une pièce pour s'y livrer à des expériences d'occultisme. C'est là qu'au commencement de 1560 elle aurait fait venir Nostradamus. Elle voulait obliger l'avenir à lui livrer son secret, et, aussitôt qu'elle eut expliqué au mage provençal ce qu'elle attendait de lui, elle l'emmena dans l'appartement du château installé selon les règles des 'rituels hermétiques [1].

C'était une grande chambre nue, faiblement éclairée par le jour qui passait au travers de carreaux verdâtres. Nous avons déjà vu chez Nostradamus les instruments bizarres qu'elle renfermait : bocaux et flacons, cornues, athanor alchimique, œuf philosophique, creusets et alambic de Porta sous la hotte de la cheminée. A côté de l'autel aux pentacles et aux exorcismes évocateurs, une fontaine pour la purification du mage. Sur la table de travail, au milieu des livres, de l'encrier, de la plume, du couteau et des parchemins vierges destinés aux pactes, la même tête de mort faite pour rappeler aux magiciens et aux initiés du grand art leur véritable condition, qui n'est point d'être personnes vivantes de chair tiède, mais squelette et crâne aux orbites vides. Le même parfum de palma-Christi et de menthe se dégageait des cassolettes. Des devises hébraïques étaient tracées sur le mur de gauche. En face, sur le sol, des cercles géotiques. Et il y avait aussi l'astrolabe, la baguette divinatoire et ordonnatrice, le sablier, la balance, le pentacorde, la sphère armillaire, un fauteuil de repos pour le magicien épuisé, et le grand miroir magique, clair comme une lame toute nue. La salle était spacieuse, et avait vue sur l'eau.

---

1. Si tous les auteurs anciens sont d'accord sur la véracité de la séance d'occultisme du château de Chaumont, que nous allons relater, les uns considèrent Nostradamus comme en étant l'officiant, les autres désignent le Florentin Cosme Ruggieri.

Selon les recherches de l'occultiste moderne Sédir, ce serait bien Nostradamus qui aurait été l'opérateur. Nous n'avons de notre côté, trouvé aucun document confirmant cette thèse avec certitude.

C'était là que Catherine de Médicis réunissait les sorciers et les nécromanciens dont elle s'entourait. Cette fois, la Reine entendait que son magicien lui montrât l'avenir en la personne de ses enfants, et Nostradamus se prépara, dans la retraite et la méditation, à cette redoutable séance qui l'obligeait de recourir aux pratiques les plus élevées et les plus pures des clavicules de Salomon.

Il prit une plaque rectangulaire d'acier luisant, bien polie et légèrement concave, et écrivit aux quatre coins de ce miroir, avec du sang de pigeon mâle, les noms suivants.

Jéhovah	Elohim
Mittatron	Adonay

Alors il entoura le miroir d'un linge neuf, très blanc. Puis, un soir que montait lentement la lune nouvelle au-dessus des bois de Chaumont, à la première heure qui suivit le coucher du soleil, il s'approcha de l'une des fenêtres du laboratoire, l'ouvrit et, regardant le ciel d'un air inspiré, s'écria :

O Eternel ! O Roi éternel ! Dieu ineffable qui avez créé toutes choses pour l'amour de moi, et par un jugement occulte pour la santé de l'homme, regardez-moi, Nostradamus, votre serviteur très indigne, et considérez mon intention pure. Daignez m'envoyer votre ange Anaël sur ce miroir, qui mande, commande et ordonne à ses compagnons et à vos sujets que vous avez faits, ô Tout-Puissant, qui avez été, qui êtes et qui serez éternellement. Qu'en votre Nom ils prient et agissent dans la droiture pour m'instruire et me montrer ce que je leur demanderai.

Sur un réchaud de fer vierge, garni de charbons ardents qui lui empourpraient le visage, il jeta le safran oriental dont le parfum attire Anaël et, poursuivant sa prière, il ajouta :

Et ce, pour ce et avec ce que je verse devant votre face, ô mon Dieu, qui êtes tri-un, bon, et dans la plus sublime élévation, qui voyez au-dessus des chérubins et des séraphins, et qui devez juger les siècles par le feu, exaucez-moi.

Trois fois Nostradamus répéta son invocation à l'Éternel. Et il balançait lentement le miroir, de la main droite, au-dessus du réchaud d'où montait la fumée odorante du safran. Quand sa prière fut terminée, il souffla trois fois sur le miroir et dit encore :

Venez, Anaël, venez, et que ce soit votre bon plaisir d'être en moi par votre volonté, au nom du Père Tout-Puissant +, au nom du Fils très sage +, au nom du Saint-Esprit très aimable +. Venez, Anaël, au nom du terrible Jéhovah. Venez, Anaël, par la vertu de l'immortel Elohim. Venez, Anaël, par le bras du tout-puissant Mittatron. Venez à moi, Nostradamus, et commandez à vos sujets qu'avec amour, joie et paix, ils fassent voir à mes yeux les choses qui me sont cachées. Amen.

Puis il revint du côté de la fenêtre, éleva de nouveau ses regards vers le ciel où tournaient lés mondes célestes, et prononça cette conjuration suprême :

Seigneur Tout-Puissant, qui faites mouvoir tout ce qui vous plaît, exaucez ma prière, et que mon désir vous soit agréable. Regardez, s'il vous paît, Seigneur, ce miroir et bénissez-le, afin qu'Anaël, l'un de vos sujets, s'arrête

sur lui avec ses compagnons, pour satisfaire Nostradamus
votre pauvre et misérable serviteur. O Dieu béni et très
exalté de tous les esprits célestes, qui vivez et régnez dans
l'éternité des Bons. Ainsi soit-il.

Lentement, Nostradamus fit le signe de la croix
sur sa poitrine et sur le miroir. Et chaque soir, pendant quarante-cinq jours, à l'heure où la lune pâle
sortait du bois, on voyait apparaître le Magicien à la
fenêtre du château, au-dessus des eaux éteintes. Sa
barbe lui battait la poitrine à la véhémence de ses
paroles. Ses yeux brillaient avec un éclat extraordinaire. Toute sa volonté de commander aux esprits
paraissait sur sa face, et il refaisait le même signe
de croix sur sa poitrine et sur le miroir qui lui mettait
un morceau de ciel entre les mains. Le quarante-cin-
quième jour enfin, à la nuit tombante, l'ange Anaël
lui apparut sous la forme d'un bel enfant blond qui
le salua et lui annonça qu'il était prêt, ainsi que ses
compagnons, à obéir aux ordres de Nostradamus.

Le magicien remercia la vision et la pria d'apparaître dans le miroir ou d'y faire apparaître, chaque
fois qu'il en manifesterait le désir, les personnages
dont il évoquerait l'esprit ou les formes.

Le lendemain, à minuit, Catherine de Médicis, qui
se morfondait au fond de son grand château, put
enfin pénétrer dans le laboratoire. A travers la fumée
de l'encens, elle vit Nostradamus enfermé dans le
double cercle magique qu'il avait tracé sur le sol selon
les données du grimoire du pape Honorius, à l'aide
d'une croix de bois bénite et carbonisée à sa plus
grande extrémité. Le miroir magique était posé sur le
manteau de la cheminée où brûlaient des bûches

saupoudrées de **safran oriental**. Accroupi au milieu du double cercle, où il avait disposé un crâne humain, un tibia, une lampe à la flamme pâle et un chat endormi du sommeil magnétique, la baguette magique en main, Nostradamus s'écria d'une voix forte :

Au nom de Dieu tout-puissant, en qui nous vivons, nous nous mouvons et avons notre être, je supplie humblement l'ange gardien de ce miroir d'apparaître...

Alors l'ange Anaël parut. Catherine de Médicis lui dit tout ce qu'elle attendait de lui, et Nostradamus ajouta :

Je supplie humblement l'esprit de ce miroir de me favoriser d'une vision qui m'intéresse et qui m'instruise.

Haletante, le sein frémissant sous les joyaux qu'il soulevait et abaissait spasmodiquement, angoissée par l'attente des visions terrifiantes qui, peut-être, allaient surgir de l'inconnu, la reine dardait ses regards sur le miroir. Tout d'abord, elle ne vit qu'une grande salle pleine d'obscurité et de mystère. Puis trois fantômes vagues en leurs contours se dessinèrent dans un épais brouillard. Nostradamus, touchant le miroir de sa baguette, reprit la conjuration et jeta de nouveau du safran oriental dans le feu. Alors la cheminée siffla, les flammes plus hautes dansèrent sur les murs, et Catherine de Médicis, épouvantée et ardente, reconnut ses trois fils. Chacun d'eux, se mouvant autour de la salle figurée par le miroir, fit autant de tours qu'il devait régner d'années. François II tourna une fois seulement, Charles IX quatorze et Henri III quinze fois. Mais soudain, la reine tressaillit : elle venait de reconnaître Henri de Bourbon, qui fit vingt-et-une fois le tour de la salle.

Nostradamus dit à la reine, toute secouée de frissons d'horreur, que son troisième fils mourrait assassiné et qu'Henri de Bourbon succèderait, en effet, pour un règne de vingt-et-une années, au dernier des Valois. Mais Catherine de Médicis se voilait la face de ses mains. Alors, une à une, les ombres disparurent, et, dit Nicolas Pasquier,

après cela, toutes choses se rendirent invisibles, pour ce que la reine mère n'en voulut voir davantage.

La Reine, maintenant, était satisfaite. Pour elle, pour son autoritaire orgueil, il y avait encore bon nombre d'années de royauté assurée.

C'est tout ce qu'elle demandait au destin.

Le miroir étant devenu vide et net, Nostradamus prononça par trois fois la formule de renvoi :

Au nom du Dieu Tout-Puissant, je congédie de ce miroir tous les esprits qui y sont descendus. Et que la paix de Dieu soit pour toujours entre eux et moi [1].

* *
*

Salon est en pleine anarchie quand Nostradamus y revient. Le signal en a été l'assassinat à Draguignan, en avril 1560, du sieur de Mauvans, un des chefs luthériens de Provence, allié aux Mauvans de Salon. Son corps fut porté à Aix où on le pendit au

---

1. *Catherine de Médicis, ses astrologues et ses médecins, envoûteurs,* par Eugène Defrance.

beau milieu de la ville pour qu'il servit d'exemple.

A cette nouvelle, la populace de Salon, qui est catholique, éclate d'une joie immense. Les protestants, de leur côté, apprennent des chansons luthériennes aux enfants, qui les vont débiter, de leurs petites voix fraîches, dans les rues et sur les promenades publiques. Les jeunes imprudents se plantent devant les rudes paysans qui passent enfermés dans leur grosse cape de bure, et leur crient sous le nez les couplets injurieux. Les hommes serrent les poings et chassent à coups de sabot la marmaille effrontée, qui s'éparpille dans un grand bruit de galoches. Quand ils sont loin des paysans, les enfants se retournent et reprennent leurs chansons, qu'une pierre interrompt brutalement. Il y a des cris, des galopades, des injures, des menaces. C'est miracle qu'il ne reste pas de petits cadavres sur le sol, car ces laboureurs et ces vignerons, qu'on nomme « cabans »[1], ont l'humeur violente et le geste prompt au meurtre.

Furieux, les catholiques dénoncent au viguier ces chansons satiriques, qu'ils prétendent offensantes pour l'Église romaine et pour eux-mêmes, et manifestent leur volonté de ne plus les entendre. Mais l'officier municipal se soucie peu d'obéir aux rustres, qui ont exprimé leur plainte en termes peu respectueux, et ceux-ci décident de se faire justice eux-mêmes, par un soulèvement de tous les « gens de bien », ainsi qu'on appelle les personnes non suspectes d hérésie.

1, Les paysans de Salon étaient alors appelés « cabans », du nom d'un manteau de cadis gris avec manches et capuchon dont ils se revêtaient dans la saison d'hiver.

Salon a bien changé d'aspect depuis la belle fête du canal.

Le bourgeois glorieux, si fier de montrer à son rustique cousin, tout frais débarqué de la campagne, les merveilles de sa petite ville, est devenu un homme sombre, un partisan farouche qui, pour le Christ de miséricorde dont il se prétend le défenseur, ne rêve plus que d'arquebusades, de pendaisons et d'incendies. Tous les bas instincts se réveillent. De partout il sort des hommes qu'on n'est point accoutumé de voir en temps ordinaire, de ces êtres hideux que vomissent les antres et les bouges, aux veilles d'émeute. Leurs yeux clignotent au grand jour du ciel. Ils prennent le nom de catholiques. Ils s'enveloppent du caban. C'est un manteau large, bien commode pour y cacher les objets volés aux maisons des riches. Ils passent dans les rues en criant avec les autres : « Vive la religion ! A bas les luthériens ! » « Luthérien », dans leur bouche, signifie : « homme bon à piller. » Dès qu'ils en verront un opulent, ils l'accuseront du crime d'hérésie, qui leur sera prétexte à envahir sa demeure pour en vider les coffres. Et les autres, les convaincus, se laisseront déborder et pousser au carnage par ces hommes cupides.

Nostradamus, dont on connaît la richesse, ne tarde pas à exciter les convoitises. Ses ennemis l'ont traité de sorcier. De plus, ne sait-on pas que les savants sont tous gens favorables à l'hérésie de Luther ? Voilà plus de raisons qu'il n'en faut pour s'introduire chez lui et plonger dans les beaux écus de son coffre à deniers.

Le médecin astrologue se trouve dans une situation singulière. Les gentilshommes du pays, tous protes-

tants, le tiennent pour un papiste et, partant, lui
font très mauvais visage, cependant que le peuple,
enragé catholique, le prétend parpaillot et n'en veut
point démordre. Nostradamus ne peut comprendre ce
qui lui vaut une telle mésaventure, propre à le jeter
dans les plus grands embarras. Les mêmes plaintes
lui reviennent, où il affirme son exactitude à remplir
ses devoirs religieux. Ne va-t-il pas chaque matin
entendre la messe ? Et à confesse plusieurs fois par
mois ? Quant à ses propos, on n'en peut trouver un
qui témoigne de la plus petite estime pour les réformés.
Il n'a pour eux, au contraire, que blâme et promesse
d'une punition du Ciel. Il approuve les cérémonies
de l'Église romaine, et se plaît à répéter qu'il n'y a
point de salut hors de la foi et de la religion catholiques. Il réprimande sévèrement ceux qui, retirés
de son sein, se laissent séduire par la douceur et la
liberté des doctrines étrangères, propres à les damner.
Il affirme que la fin de ces hérétiques sera mauvaise et
pernicieuse à leur salut. Il est un homme sage et pieux,
qui abhorre le vice et le châtie sévèrement. Il se tient
lui-même dans un grand état de pénitence et Chavigny
le voit souvent s'imposer des jeûnes et se recueillir
en de longues oraisons d'où il pense retirer la patience
qu'il n'a point.

Et cependant, quoi qu'il fasse, ses ennemis le prétendent entaché d'hérésie et mauvais fils de l'Église.
Les Cabans le traitent de huguenot. Il ne peut plus
sortir sans être hué par cette vile populace. Les **paysans**
l'injurient, et il lui faut courir sur ses vieilles **jambes**
enflées, avec ses gouttes et son souffle court d'homme
âgé. La fureur des rustres croît de jour en jour, et les
ennemis du savant en attisent le feu sans relâche. Le

docteur voudrait échapper au monde en vivant dans la retraite et l'étude. Mais le monde imbécile et méchant le poursuit jusque dans son laboratoire haut perché sous le toit de sa maison. De là, il entend les cris de l'émeute, quand la populace s'assemble, comme elle l'a promis, le jour du 1er mai 1560.

Le bourgeois Louis Villermin, dit Curnier, et les meneurs, excitent la population rurale de la vi le et du territoire, qui se rassemble sur le Cours, depuis la place du Bourg-Neuf jusqu'à celle des Arbres, en criant : « Vive la religion ! A bas les luthériens ! » Les paysans sont armés de gros bâtons au bout desquels ils ont collé de grandes croix de papier blanc et, pour se reconnaître entre eux, ils ont mis des plumes de coq à leurs barrettes. Sur l'ordre des chefs, ils se ruent vers les maisons dont les habitants sont sus-pects de luthéranisme. Ce sont les plus belles, les plus opulentes. Ils en cassent les vitraux à coups de pierres, mutilent les sculptures de leur porche, pèsent de toute la force de leurs épaules sur les lourdes portes ferrées et cloutées qui résistent à leurs efforts. Ils sont plus hideux que des diables. Leurs croix se brisent en frappant, et les plumes multicolores dont ils se sont coiffés s'agitent sur leurs têtes. Ils voci-fèrent . « A bas luthériens ! Vivent Cabans ! » Leurs grosses mains, rougies par le jus du pressoir, ont l'air d'avoir déjà trempé dans le sang de leurs victimes. Elles empoignent le fin bonnet de la dame du logis, qui s'est mise en prière quand elle a entendu leurs vociférations. écrasent le fragile métier à tapisser dont le bois craque sous leurs talons, lancent le miroir d'étain au carreau, où il sonne comme une cloche. La vue des richesses les exaspère. Ils arrachent les courtines du grand lit à baldaquin, saccagent les plus riches étoffes, défoncent les plus beaux meubles. Ceux qui se ruent sur les coffres sont les moins dangereux. Ils ne songent qu'à voler. Les autres, les fanatiques, sont capables de toutes les atrocités. Il faut tuer l'hérésie ! Ils traînent le vieillard par la barbe, arrachent le malade de sa couche, saisissent la femme aux cheveux ou par la corne de sa coiffure, bousculent l'enfant qui hurle de peur, et, à coups de bâton, achevant de déchirer leurs croix sur les échines, poussent tous ces chiens de mécréants vers la rue, pour les conduire à la prison du château.

De la demeure de Nostradamus, on entend les cris des victimes et les vociférations des Cabans.

Dame Anne, épouvantée, récite patenôtre sur patenôtre. Elle tient ses enfants serrés contre elle, et se lamente entre chacune de ses prières. N'est-il pas mortifiant pour une bonne catholique, toujours si exacte dans l'accomplissement de ses devoirs religieux, d'avoir à craindre d'être confondue avec ces damnés hérétiques dont les doctrines pleines de mensonge ont mis la ville à feu et à sang ? La dame tressaille à tous les cris, et à chaque instant croit voir entrer les furieux. Peut-être alors, dans l'excès de sa peur, reproche-t-elle au savant des pratiques dont elle ignore le détail, mais qu'à son tour elle accuse de sorcellerie pour l'avoir entendu répéter par les uns et les autres. Chavigny est là, prêt à protéger le maître vénéré, et le prophète, la barbe penchée, pense à tout ce que ces forcenés découvriraient s'ils venaient à envahir sa maison et à monter dans son laboratoire mystérieux, qui excite tant de curiosités. Il est plein de fureur et d'angoisse à imaginer les rustres sacca-

geant sa sphère armillaire et son œuf philosophique
au cri de « Mort aux sorciers ! » qu'ils ne manque-
raient pas de pousser alors. Serrant les dents de rage,
il se les représente lançant aux ordures des rues sa
baguette magique qui fait obéir les esprits, crachant
sur les pentacles des murs, fouillant les placards et
se jetant sur les vieux manuscrits qu'ils déchireront,
s'ils ne les gardent pour les porter au saint tribunal de
l'Inquisition. Alors, Dieu seul sait ce qu'il adviendra
du docteur Nostradamus.

Le vieillard, brusquement, relève la tête, et dame
Anne pousse un nouveau cri. Des gens frôlent la
maison. Ils hurlent des injures à l'adresse du prophète. On dirait qu'ils se battent. Un coup de sabot
a sonné sur la porte. Par les petits carreaux plombés
des fenêtres, on aperçoit de grands morceaux de
bure et des plumes que secouent les têtes. Ils vont
entrer ! Dame Anne croit déjà entendre craquer la
lourde porte, et sauter les gonds. Mais d'autres cris
retentissent. Une immense clameur est partie d'un
autre point de la ville, et les grosses semelles de bois
galopent dans la rue.

Pierre Roux seigneur de Beauvezet, le viguier
chargé du soin de la police de la ville, s'est élancé sur
l'un des chefs des émeutiers, l'a saisi au collet et
s'apprêtait à le mener en prison, quand plus de cent
Cabans se sont rués sur lui pour l'assommer en le
traitant de fauteur d'hérésie, de souteneur de luthériens, de luthérien lui-même. Beauvezet, abandonnant son prisonnier, n'a eu que le temps de se réfugier
dans la boutique d'un marchand revendeur, à la place
des Arbres. Les émeutiers qui le poursuivaient ont
trouvé devant eux la porte solidement barricadée.

Furieux, ils entourent la maison et réclament le viguier mort ou vif.

Le premier consul, Antoine de Cadenet, et les autres consuls, essayent vainement de calmer les esprits. Les Cabans entassent des bottes de paille et des brassées de sarment jusqu'au premier étage de la maison pour y brûler le viguier, qui se décide alors à jeter par la fenêtre le bâton de sa charge en signe d'accommodement et de démission. Le peuple, satisfait, court chez Antoine de Cordes, gentilhomme catholique, à qui il remet le bâton. De Cordes l'accepte dans l'espoir d'éviter des excès, et se concerte avec Palamède Mark de Châteauneuf, un autre gentilhomme populaire, afin de prendre sur-le-champ les mesures propres à ramener le calme dans la petite ville. Leurs amis soupçonnés d'hérésie ont alors la surprise de les voir se mettre à la tête des factieux et pénétrer dans leurs maisons pour les conduire au château. Des hommes sans passion les gardent. Ils y sont beaucoup plus en sûreté que chez eux.

Nostradamus et les siens furent peut-être menés de la sorte en prison, afin de sauver leurs jours...

Salon est dans le plus grand désordre, et les Cabans, cinq jours durant, s'en trouvent les maîtres. Deux nuits de suite, l'habitant doit mettre des lumières à toutes ses fenêtres afin d'éclairer les paysans qui ne cessent d'aller et venir dans les rues au son du tambour et de la trompette, en vociférant d'horribles imprécations et des menaces de mort contre les hérétiques. Ils saccagent la maison de Louis Paul, un riche marchand, alors second consul, et de son frère Jean Paul.

Mais bientôt piller ne leur suffit plus. Ils veulent tuer aussi. Une pauvre vieille femme est là, près de la porte Saint-Lazare. On a enfermé dans le château son fils, suspect d'hérésie. Elle est toute cassée par l'âge et elle se lamente en réclamant l'enfant qui était son dernier soutien. Pourquoi le lui a-t-on pris ? Il ne commettait point de mal. Il vivait selon sa conscience. Il était doux et paisible.

Ces paroles irritent les forcenés. L'un d'entre eux lève son bâton en ordonnant à la vieille femme de se taire, et, comme elle parle encore, il l'abat d'un coup furieux qui lui met la coiffe tout de travers sur son crâne défoncé. Alors, c'est la ruée. Tous les bâtons frappent la loque humaine affalée sur le sol, comme le fléau bat le grain sur l'aire, après la moisson. Puis ils la traînent par les rues jusqu'à la léproserie. Les habitants, épouvantés, voient tressauter parmi les immondices des rues ce corps qui tache ses habits de sang. Les jupes se relèvent sur de maigres mollets, une queue de cheveux gris s'échappe de la coiffure, et la face tuméfiée par les coups s'écorche à tous les cailloux. La vieille femme ressemblait aux autres vieilles femmes du pays, elle avait leurs rides, leur poitrine jaune, leur casaquin. Et les brutes ont chez eux des mères toutes pareilles à cette malheureuse qu'ils viennent d'assommer. Mais leur rage n'est point satisfaite encore. Ils s'acharnent sur ce misérable débris humain, et finissent par lui trancher la tête à coups de hache.

Leur fureur grandit avec leur victoire. Les paysans méfiants et soupçonneux veulent pénétrer les secrets des familles, afin de voir si elles ne cachent point quelque secrète inclination pour le protestantisme.

Ils arrêtent les messagers, porteurs de correspondances de Marseille, Arles, Aix et autres lieux, qui passent par Salon. Ils enfoncent les boîtes, en arrachent les lettres, dont ils font lire le contenu afin de découvrir les traîtres, les ennemis secrets du catholicisme.

La ville est plongée dans la consternation. Les plus orthodoxes personnes s'attendent à tout instant à voir la populace envahir leur demeure, car le plus innocent propos peut allumer les colères de ces rustres ignorants, toujours prêts au pillage et au massacre.

Dès le jeudi 2 mai 1560, après délibération dans la maison commune, une assemblée d'environ trois cents « gens de bien » a résolu d'envoyer une députation au vicaire général d'Arles pour l'informer des troubles de la cité et le prier de concéder puissance de viguier à noble de Cordes. En outre, l'assemblée a pris des mesures pour la garde des portes de la ville, dont deux seulement resteront ouvertes. Personne ne pourra sortir la nuit sans permission du capitaine.

Huit jours plus tard arrivèrent à Salon le baron de la Garde, lieutenant du roi en Provence, et le Grand Prévôt. Ils devaient décider du sort des prisonniers suspects d'hérésie et de ceux qui avaient porté des arquebuses en plein jour. Mais l'affaire traîna en longueur, et les gens enfermés au château furent rendus, un à un, à leurs familles.

Salon, néanmoins, ne devait pas encore retrouver le calme, car la solution du baron ne contentait personne. Les Cabans et les gentilshommes continuèrent de se disputer. L'élection des consuls promettait de se passer dans le désordre. L'habitant n'était pas en sécurité. A tous instants éclataient des coups de mousquet. Des poignards sortaient des ceintures. Le coin de la rue, l'angle de la maison, l'ombre du porche, le pilier de l'église ménageaient le guet-apens et l'assassinat.

Le lundi 3 juin 1560, second jour de la Pentecôte, eut lieu, suivant l'ancienne coutume, l'élection des consuls, officiers et conseillers, par voix de tout chef de maison, au château archiépiscopal, dans la grande salle qui regarde la Crau.

A l'exception du premier consul, qui devait être noble, tous les autres officiers furent choisis parmi les bourgeois et les roturiers. A leur tête se trouvait Louis Villermin, dit Curnier, qui avait fomenté l'émeute du 1er mai. Les gentilshommes, presque tous hérétiques, considérèrent ce choix comme une provocation.

Ils attendirent alors, pour prendre leur revanche, que l'été fit retourner les Cabans vers la campagne, où ils s'allaient louer pour le temps des vendanges et des moissons. Cette année-là, justement, avait été particulièrement froide et pluvieuse, ce qui retardait les récoltes, et il leur fallut patienter jusqu'au 1er juillet avant de voir les paysans quitter la petite ville. Leur départ laissait Curnier sans défenseurs. Ses amis l'avaient prévenu des projets des hérétiques. Il se méfiait donc et se couvrait, pour sortir, d'une cotte de mailles. Ce fut en vain. Le 2 juillet, entre sept et huit heures du soir, alors qu'il se rendait de la maison commune à sa demeure, il reçut un coup d'arquebuse qui, brisant sa cotte de mailles, fit entrer plusieurs anneaux de fer dans ses entrailles. Il mit une heure à mourir, dans les plus atroces souffrances.

A cette nouvelle, les Cabans qui n'avaient pas

encore quitté Salon se répandirent dans les rues en criant : « Les luthériens ont assassiné notre consul ! Mort aux luthériens ! zou, zou, à cette canaille ! » Mais leurs vociférations laissèrent les gens assez calmes. Voyant, à minuit, que les habitants avaient fermé leurs portes et éteint leurs lumières, ils se dispersèrent, après avoir obtenu du premier consul la promesse qu'on rechercherait et punirait les coupables, ce qui ne fut jamais fait [1].

Nostradamus fut sans doute appelé pour soigner Curnier. La vue de ce malheureux, qui se tordait en hurlant, était peu propre à le remettre de toutes ses terreurs.

Le pauvre prophète avait beaucoup vieilli en ces quelques mois d'anarchie religieuse. Ses jambes avaient enflé sous la poussée de la goutte. Les troubles gastriques étaient de plus en plus fréquents et lui vidaient les joues. Des poches lui poussaient sous les yeux. La peau de son visage jaunissait. Son pas devenait de plus en plus lourd et traînant. Tous les cris de la ville, les coups de feu, toutes les menaces et les insultes qu'il essuyait chaque jour, lui rompaient la tête. Il appelait vainement le silence. Il s'attristait aussi beaucoup de voir publier les faux almanachs, en dépit de l'Ordonnance d'Orléans, du 31 janvier 1560, qui déclarait :

Et parce que ceux qui se mêlent de prognostiquer les choses à l'advenir, publiant leurs almanachs et prognostications, passent les termes d'astrologie, contre l'exprès commandement de Dieu, chose qui ne doit être tolérée par

---

1. *D'après la Chronique de la ville de Salon*, par Louis Gimon.

aucun prince chrétien, nous défendons à tous imprimeurs et libraires d'imprimer ou d'exposer en vente aucuns almanachs et Prognostications que premièrement ils n'aient été visités par l'archevêque ou évêque, ou ceux qu'il commettra. Et contre celui qui aura fait ou composé ledit almanach sera procédé par nos juges extraordinairement et par punition corporelle.

Ronsard avait beau appeler Nostradamus le prophète choisi de Dieu et reprocher à la France de le mépriser, les ennemis du devin ne désarmaient pas.

Antoine Couillard, seigneur du Pavillon, près Loris-en-Gâtinais, fit imprimer à Paris, chez Charles Langlois, un ouvrage intitulé « *Les Contredits de Nostredame* », dans lequel il le peignait comme un homme qui abusait son public et que les temps avaient démasqué en montrant la fausseté de ses prédictions.

Il faut avouer que le moment était mal choisi pour attaquer Nostradamus, dont plusieurs des prophéties se réalisèrent précisément d'une manière vraiment remarquable. Il avait annoncé dans ses Centuries la mort de Henri II, la conjuration d'Amboise[1], la conspiration de Lyon[2]. La mort de François II, qui survint le 6 décembre, devait porter bientôt à son plus haut point l'étonnement et la surprise de ses contemporains. Le 17 novembre 1560, à Orléans, François II tombe en syncope au milieu d'une cérémonie religieuse. « Chaque courtisan, écrit au Doge l'ambassadeur de Venise, Michieli, se rappelle alors le quatrain 39 de la Centurie X de Nostradamus et la commente à voix basse. » On se souvient aussi d'une

1. *Centurie* I, quatrain 13.
2. *Centurie* X, quatrain 59.

seconde prédiction du mage provençal, prédiction suscitée par l'évocation du miroir de Chaumont : « Il y a une autre prédiction très répandue en France, émanant de ce fameux devin astrologue nommé Nostradamus, et qui menace les trois frères, disant que la reine mère les verra tous rois [1]. »

Une dépêche de l'ambassadeur de Toscane Tornabuoni au duc de Florence, envoyée le 3 décembre 1560, dit : « Le salut du roi est très incertain, et Nostradamus, dans ses prédictions de ce mois, dit que la maison royale perdra ses deux jeunes membres de maladie inopinée. »

Processions, jeûnes, prières publiques, cérémonies expiatoires, vœux, communions, prédications et offrandes demeurent inutiles. Le jeudi 5 décembre 1560, François II meurt.

Un mois s'écoule et la seconde prophétie de Nostradamus, relative à la « disparition des deux plus jeunes membres de la maison royale » se réalise par la mort, à quatorze ans, du marquis de Beaupréau, fils du prince de la Roche-sur-Yon.

On a remarqué qu'en un mois, écrit l'ambassadeur Chantonnay, sont morts le premier et le dernier des membres de la maison royale. Ces catastrophes ont frappé la Cour de stupeur, jointes aux menaces de Nostradamus, qu'on ferait mieux de châtier que de laisser ainsi vendre ses prophéties, qui induisent à de vaines et superstitieuses croyances [2].

1. Relazione Giovanno Michieli — mai 1561.
2. Dépêche de Chantonnay au roi d'Espagne — Orléans, 12 janvier 1561.

La confiance que Catherine de Médicis accorde au devin grandit encore. La reine a été nommée une seconde fois régente et son second fils, Charles IX, âgé de dix ans, a succédé, le 10 décembre, à François II.

Le nombre des gentilshommes et des délégations qui viennent consulter Nostradamus ne fait que s'accroître. Le comte de Tende, gouverneur de Provence, le consulte sur un voyage qu'il va entreprendre à la cour. Nostradamus, pour toute réponse, lui déclare qu'il boira trop. Ce qui fut exact, car au retour, le comte tomba dans le Rhône en s'embarquant ä Lyon, et but beaucoup plus qu'il n'avait envie [1].

A quelque temps de là, en décembre 1561, le duc de Savoie, pendant la grossesse de sa femme, députa à Salon Philibert Maréchal, seigneur de Mont-Simon en Bresse, son contrôleur général des guerres de deçà les monts, afin qu'il priât Nostradamus de venir visiter la duchesse et tirer l'horoscope de l'enfant.

Le mage, s'étant rendu à Nice, prophétisa, après avoir vu la jeune femme, qu'elle accoucherait d'un prince qui s'appellerait Charles-Emmanuel et serait un jour le plus grand capitaine de son siècle [2].

---

1. *La Vie et le Testament de Michel Nostradamus*, par Chavigny. — *La Concordance des prophéties de Nostradamus*, par Guynaud.

2. L'enfant naquit au château de Riveroles, et se signala dans les guerres de religion. Il fut appelé « le Grand » par les partisans de la Ligue, vers la fin du xvie siècle.

En tirant son horoscope, Nostradamus dit aussi qu'en certaine année qu'il marquait, le prince serait gravement blessé, mais qu'il ne mourrait que quand un « neuf viendrait devant un septième ». Le prince, voulant un jour montrer au prince de Carignan la prédiction de Nostradamus, conservée dans une cassette de fer, y courut avec tant d'empressement

Une grande agitation régnait à Salon quand Nostradamus s'en revint. Et l'astrologue, comparant en sa pensée sa petite ville à ce qu'elle était quelque vingt ans plus tôt, quand il arrivait de Marseille pour y prendre femme et s'y fixer, s'étonna d'en trouver les rues si encombrées et d'y frôler tant de costumes militaires. On n'y voyait plus, en effet, que soldats, bombardes et boulets. Toutes les places publiques étaient couvertes de machines de guerre et de chevaux. Partout s'agitaient des casques ornés de plumes et luisait du bronze. Les gens d'armes disaient qu'ils allaient châtier la ville d'Aix de toutes ses insolences.

Les catholiques, outragés par les protestants, y avaient exercé les pires vengeances. Un pin fameux leur servait à pendre les religionnaires.

Le Parlement, navré de ces désordres, avait arrêté les catholiques les plus acharnés pour les relâcher bientôt. Le frère du mage, Jean de Nostredame, procureur au Parlement, se trouvait parmi eux. Le roi, voulant rétablir la paix, avait envoyé le comte de Crussol, puis le baron d'Uzès, accompagné de deux conseillers au Parlement de Paris. Le comte de Tende, gouverneur de Provence, était venu les rejoindre à Salon, où ils avaient rassemblé toutes les forces de cavalerie et d'infanterie pour une marche sur la vieille cité provençale abandonnée à la fureur des émeutiers. Puis, les États de Provence ne pouvant se tenir à Aix, il fut décidé qu'ils auraient lieu à Salon.

qu'une table se renversa et lui cassa la jambe, dont il resta fort longtemps incommodé. Il devait mourir à l'âge de soixante-neuf ans. Le 9 se trouvait bien, en effet, devant un 7, celui de 70, son année à venir.

On vit alors les consuls, fort affairés, courir chez tous les gens. Il leur fallait préparer deux cents logements, et lever cent vingt hommes pour la garde du gouverneur. On aménagea le château. Une fois encore, on ouvrit les hautes fenêtres à vitrail dont le soleil tirait des feux violets et rouges. On déploya des tapisseries, on apporta des tréteaux pour les tables. de la vaisselle et des plats d'étain pour les repas des officiers, de grands fauteuils de bois sculpté, des coquemars, des bassines de cuivre. L'habitant nettoyait sa maison. Il fallait préparer des chambres pour les soldats, remplacer ce qui était ébréché, dresser des lits, sortir des draps. On remuait la poussière des greniers. Tous les coffres étaient bouleversés. Les bourgeoises achetaient des pots et des cuvettes. Les marchands se frottaient les mains et bénissaient la guerre. Les jeunes filles rêveuses se demandaient comment serait fait l'inconnu qui allait dormir dans leur maison. Déjà elles étaient jalouses, redoutant que leur meilleure amie eût un hôte mieux tourné que celui qu'elles devaient attendre du sort.

Nostradamus, de son côté, était fort souvent visité par tous ces soldats qui avaient entendu parler de lui.

Un jour, il s'en présenta un, en grand appareil militaire. Ses cuissards s'entrechoquaient sur le siège où il venait de s'asseoir. La braise du vitrail allumait sa cuirasse. Il était tout armé pour la guerre, dont il arrivait, et où il allait retourner. C'était le seigneur de Crussol, lui-même qui avait eu, à son tour. la curiosité de venir consulter Nostradamus sur l'issue de ses négociations. Le prophète mit peu d'empressement à répondre. Le roi avait donné mission à ce seigneur de forcer les catholiques à consentir à l'exé-

cution de l'édit de Janvier, qui accordait le libre
exercice de la religion réformée en dehors des villes.
Une telle tolérance n'était pas du goût du médecin
astrologue, et le comte n'en obtenait que des réponses
fort vagues. Mais il n'était point homme à se contenter de quelques phrases obscures. Il exigea un
plus grand éclaircissement, et Nostradamus finit par
lui dire que sa mission se bornerait à laisser les arbres
chargés de nouveaux fruits.

La plupart des gens pensèrent alors qu'il s'agissait
de l'automne, et qu'il fallait s'attendre à voir durer
la guerre jusqu'à la saison prochaine. Mais ils com-
prirent bientôt qu'ils s'étaient trompés sur la nature
des fruits auxquels le prophète faisait allusion. Le
comte ayant forcé la ville de Barjols, où s'étaient
enfermés les catholiques, laissa les arbres tout chargés
de pendus. Ainsi l'entreprise s'était terminée comme
Nostradamus l'avait annoncé.

On en fut, en Provence, merveilleusement étonné.
Cet étonnement porta les uns à dire que la prédiction
n'avait pu être faite par un effet de l'astrologie judiciaire, et qu'il fallait que son auteur eût quelque
commerce avec le démon. Les autres pensèrent qu'il
était inspiré de Dieu ou que, du moins, il avait acquis
par ses profondes méditations des connaissances surnaturelles [1]. Et le nombre des consultants grossit
encore.

Cependant l'agitation du royaume devenait de plus
en plus grande. L'édit de Catherine de Médicis, de

---

1. *La Vie et le Testament de Michel Nostradamus*, par Chavigny.

janvier 1562, qui venait d'autoriser les protestants à
établir des prêches dans le royaume, suscita de nouveaux troubles. Les protestants organisèrent des
mascarades. Ils parodiaient les processions et nasil-
laient les prières catholiques. Ce fut bientôt la guerre
civile.

*
* *

Nostradamus avait peine, maintenant à écrire. Ses
articulations envahies par la goutte le gênaient quand
il se mettait à sa table de travail. Il lui fallait recourir
à l'apothicaire et au barbier. Ils arrivaient avec leurs
seringues et leurs cuvettes, comme il les avait vus
tant de fois au chevet des pestiférés. François Bérard,
médecin à Salon, dont Nostradamus lui-même disait
qu'il faisait et accomplissait tout « en toute perfection »,
devait le venir voir. Bien qu'il souffrît beaucoup et
fût souvent tout angoissé, le devin continuait de veiller
et de travailler. En 1561, il avait publié à Paris son
« Remède très utile contre la peste et toutes fièvres
pestilentielles », ainsi que la « singulière recepte de
l'œuf dont usait l'empereur Maximilien, premier du
nom ». Son ardeur prophétique n'était pas éteinte, si
l'on en croit Vincent Sève, qui affirme avoir trouvé
dans les papiers de Nostradamus des sixains qu'il
aurait composés au cours de ses huit dernières années [1].

Il montrait toujours le plus vif intérêt pour les

---

1. Publiés en 1605 sous le titre : « Prédictions admirables
pour les ans courants en ce siècle, recueillies des mémoires de feu
Michel Nostradamus, par Vincent Sève de Beaucaire en Languedoc. »

travaux d'Adam de Craponne, et continuait de l'aider de son argent. Le 22 septembre 1560, il lui prêta deux cent quatre-vingt-huit écus d'or sol, valant cinquante sous la pièce (douze cents florins), sous la garantie de trente-huit particuliers, parmi lesquels son cousin Jehan Isnard. Le 13 février 1562, il lui bailla de nouveau cent écus, cette fois sans garantie.

Un jour, Nostradamus reçut une lettre [1] de l'évêque d'Orange l'informant que des voleurs avaient dérobé de l'argenterie à son église. Le prélat le priait de l'aider à recouvrer les objets disparus. La réponse du prophète fut habile, et montre bien ce qu'était l'homme.

En haut de la feuille se trouve un horoscope terrifiant dont il n'est d'ailleurs même pas question dans la lettre. Puis il prédit que le voleur, à moins de rendre au plus vite les objets dérobés, sera frappé de la peste et mourra d'une mort terrible. Nostradamus escomptait bien que la publicité donnée à sa réponse ferait restituer aussitôt l'argenterie. Le résultat de l'expérience est malheureusement inconnu.

1. Copie de cette lettre se trouve dans les archives d'Arles.

CHAPITRE IX

Un jour, Nostradamus apprit aux siens la grande nouvelle qui courait le pays, et qu'il savait sans doute depuis longtemps par quelque lettre de la reine : Le voyage en Provence du jeune roi Charles IX et de sa mère, qui avaient résolu de s'arrêter à Salon pour y visiter le célèbre magicien.

Le vieillard en reprit quelque vigueur. On lui vit le visage plus animé, le pas moins lourd. Une reine traversait la France pour le venir consulter ! Cette visite le payait de bien des injures. On le vit arpenter la petite ville, discuter avec les consuls des préparatifs de la fête, imposer son goût, qui était fastueux. N'était-ce point pour lui que se déplaçaient Leurs Majestés, et ne savait-il pas, mieux que tout autre, comment on doit traiter une reine, lui qui avait été reçu à la cour ?

Cependant tous ces pendus que les corbeaux venaient becqueter sur les arbres avaient infecté l'air. La peste régnait de nouveau sur la Provence, et Salon avait une grande partie de sa population au lit ou enfuie hors des murs. On comptait déjà près de quatre cents décès, ce qui ne laissait pas de compliquer la tâche des consuls, qui manquaient de gens pour faire la toilette de leur cité et donner un air pimpant à leurs vieilles maisons. Ils s'y appliquèrent si bien, néanmoins, que tout fut le mieux du monde. Ils firent aménager le château, réparer les chemins, sabler les rues. Le docteur « astrophile » passait d'un lavement à une composition décorative pour l'arc de triomphe qui décorerait l'entrée de la ville, au grand jour de l'arrivée du roi. Il redressait son échine, montrait des portes à orner, voulait des dorures, beaucoup de blasons, beaucoup de fleurs et de dédicaces louangeuses. Et la petite ombre du jeune César, son fils, âgé de dix ans, suivait le vieillard qui se démenait.

Le mage n'avait plus en tête que suaves couleurs, petits anges joufflus, mignonnes guirlandes. Il ne s'échappait de cette aimable compagnie que pour se mettre entre les mains de son tailleur et donner à dame Anne de judicieux conseils sur la toilette qu'il lui faudrait revêtir en ce grand jour qui verrait la reine dans les murs de leur petite ville. L'épouse du docteur Nostradámus ne devait-elle pas éclipser toutes les autres dames par la richesse et l'éclat de sa parure ?

La plus grande agitation régnait dans toutes les maisons. Les dames de Salon rêvaient d'être plus belles que ces Parisiennes dont les Provençaux qui les avaient vues disaient qu'elles avaient les yeux petits et la gorge plate. Elles dépensaient une extraordinaire quantité de pâte et de poudre, se disputaient les tailleurs surmenés, se faisaient coudre autour d'elles des aunes et des aunes de velours et de brocart. Pendant ce temps, leurs maris rêvaient d'un titre

ou d'une charge qu'ils voulaient obtenir du roi. Il
n'était pas si mince gentilhomme qui n'eût des prétentions à faire valoir, des services qu'il faudrait
récompenser. La vue de leurs apprêts exaspérait les
pestiférés, qui enrageaient de devoir rester entre
deux draps en un temps où ils avaient justement tout
à gagner en se montrant hors de chez eux. Des femmes
étaient prises d'un si furieux désir d'offrir leur personne
aux regards du roi et de rivaliser d'atours avec les
dames de la ville, qu'à peine convalescentes, elles se
traînaient hors de leur couche et, à demi-pâmées de
faiblesse, demandaient le tailleur d'habits. Le petit
César Nostradamus se faisait couper un beau pourpoint, et pensait bien être remarqué du roi.

Pendant ce temps, la cour cheminait avec tout son
train de carrosses, de coffres, d'officiers et de courtisans. Depuis la fin de janvier 1564, elle allait ainsi de
ville en ville, annoncée par des hérauts qui galopaient
en soufflant dans leurs longues trompettes et en
criant le nom du roi. Et partout l'on voyait les édiles se
précipiter hors de chez eux, se rassembler sur les
places et y discuter à grands gestes. Partout la cour
faisait secouer la poudre des vieilles tapisseries, et
envoler les hiboux des châteaux féodaux, cependant
que, dans les maisons, les bourgeois se serraient les
uns contre les autres pour faire place à la suite des
personnes que traînait la cour avec ses bagages. Partout elle agenouillait le peuple et le laissait ébloui.

En cours de route, le 10 juillet 1564, à Rossillon en
Dauphiné, près de Tournon, le roi avait ordonné, par
un édit, que l'on commençât désormais, en France,
l'année, au jour de la Circoncision du Fils de Dieu,
c'est-à-dire le premier jour du mois de janvier.

On l'avait vu s'arrêter à Romans, Oriol, Montélimar, Saint-Paul, Bolènes, Mondragon, devant Orange, sans y entrer, Caderousse, Pont-de-Sorgues, Avignon. Puis les lourds carrosses traînés par les gros chevaux avaient roulé sur un pont de bateaux pour traverser la Durance, et la cour avait couché à Saint-Remy.

Cependant les consuls ne savaient pas si le roi viendrait le lendemain à Salon. Ils étaient donc là, indécis, quand le 17 octobre, au matin, on entendit le galop d'un cheval lancé à toute allure, avec un homme dessus qui s'agitait en criant le nom du roi. C'était le fourrier de la cour, dont il annonçait l'arrivée. Or la peste avait fait abandonner la ville et la plupart des maisons étaient fermées. Les consuls envoyèrent en toute hâte des hérauts dans la campagne, où retentirent les longs appels de leurs trompes sonores, qui enjoignaient a chacun de rentrer au plus vite afin de préparer les maisons pour les gens et les chevaux de l'escorte du roi. En même temps, les consuls faisaient accrocher les derniers rameaux et les dernières tentures.

Pendant que l'on s'agitait ainsi en son honneur, Charles IX s'arrêtait à une maison de campagne du territoire, dite Le Touret, où il dîna, afin de permettre aux habitants de Salon de lui préparer la réception qu'il faut à un roi. Le même jour, dans l'après-midi, Sa Majesté fit son entrée par le portail de Saint-Lazare, montée sur un cheval gris arabe, harnaché de velours noir avec de larges passements frangés d'or. Charles IX — il n'avait pas seize ans — était vêtu d'un manteau de velours violet, argenté sur toutes les coutures. Il avait la tête coiffée d'un béret pareillement violet et entouré d'une rivière de diamants. Un panache

blanc lui ombrageait le visage, qu'on voyait sortir
d'une collerette à deux rangs de dentelle, où se balançaient deux gros diamants suspendus aux oreilles par
des chaînettes d'or.

Les consuls, l'assesseur, le trésorier et le capitaine,
tout essoufflés, s'étaient précipités pour le recevoir
sous un dais de damas violet et blanc. Il y avait aussi
le juge, le viguier, les conseillers et autres fonction-
naires, sans oublier Nostradamus, qui pensait aux deuils
survenus depuis son premier voyage à Paris, et aussi
à la nuit tragique de Chaumont. Il était fort ému. Ce
fut de ce dais qu'il vit venir la cour avec un grand
vacarme qu'on entendit de très loin. Les étriers
brillaient aux pieds des cavaliers, et les chevaux
balançaient leurs têtes. Puis tout s'immobilisa. On
entendit alors la harangue « fort galamment troussée »
du premier consul. Charles IX, pour toute réponse,
aurait dit : « Je suis venu pour voir Nostradamus [1] ».
Le premier consul lui désigna le prophète, et le jeune
monarque sourit au vieillard, qu'il salua d'un geste
amical. Nostradamus fit une profonde révérence, puis,
agitant d'une main son bonnet de velours et de l'autre
sa canne de jonc d'Amérique, s'écria tout ému : « Vir
magnus bello, nulli pietate secundus ! » Alors, la tête
fièrement tournée vers la foule, composée en grande
partie de Cabans qui, jusque-là, n'avaient cessé de
le persifler en le traitant de visionnaire et de luthérien,
il ajouta : « O ingrata patria, veluti abdera Demo-
crito ! » comme s'il eût voulu dire par ces mots :
« O terre ingrate à qui je donne quelque renom, vois
donc l'estime que me porte le roi ! »

1. *Nostradamus*, par Eugène Bareste.

Le souverain le prit par la main et le fit monter sur le cheval d'un de ses courtisans [1]. Puis il déclara publiquement que les ennemis de Nostradamus seraient les siens, et assura au devin qu'il était très persuadé de son zèle et de son affection. Sur quoi le cortège, passant sous les arcs de triomphe ornés de leurs lettres d'or, se dirigea vers le château, au son des fanfares et aux acclamations d'une multitude qui ne se lassait pas de crier : « Viva lo rey ! viva la santa messa ! »

La reine était escortée de la princesse Marguerite, alors âgée de douze ans, et les dames provençales, toutes penchées à leurs fenêtres, pâlirent de jalousie en voyant la beauté de ses filles d'honneur.

Le soir, Michel Nostradamus fut admis à voir Sa Majesté et à lui présenter toute sa famille, même une petite fille encore au berceau.

Dame Anne dut être dans un bel émoi, avec sa nombreuse progéniture qu'il fallait accommoder pour une telle visite ! La journée se passa, apparemment, à lisser des cheveux, poser des bonnets sur des têtes, lacer de petits corsages, changer des bavoirs et tourner des maillots. Sans doute s'étendit-elle en des recommandations sans fin. Que l'on n'allât point, surtout, se mettre les doigts dans la bouche en la présence du roi ! ni vouloir la plume de son béret, ou la perle de son oreille ! ni se disputer, ni pleurer ! Peut-être Nostradamus fit-il apprendre à ses enfants un petit bout de compliment improvisé en hâte.

---

1. Ce détail, rapporté par Eugène Bareste, ne figure pas dans le récit du même événement relaté par Louis Gimon dans sa *Chronique de la ville de Salon*.

Puis, le soir, à l'heure de la visite, la famille monta vers le château, marchant bien sagement en l'empois de ses robes et de ses fraises, derrière la nourrice qui portait le poupon d'un air glorieux.

A ce moment-là, la plus grande préoccupation du prophète devait être de se demander si son dernier-né n'allait pas piquer quelque rage bien nourrie de cris devant Sa Majesté.

Le lendemain, Catherine de Médicis, pendant que le roi était encore dans son appartement, pria Nostradamus de tirer l'horoscope de son fils Alexandre, duc d'Anjou [1]. Le mage, après avoir bien regardé le prince et s'être assuré de la discrétion des personnes présentes, prédit qu'il succèderait un jour à son frère.

Le vieillard [2] fut fort impressionné à la vue du jeune prince de Navarre. Il demanda à son gouverneur de le dévêtir, afin qu'il le pût visiter plus particulièrement. Henri de Navarre, qui n'avait que dix ans et demi, refusa de se laisser déshabiller, soit que la grosse barbe de Nostradamus l'effrayât, soit qu'il craignit qu'on voulût lui administrer le fouet, ainsi qu'il le raconta lui-même plus tard. Le lendemain, le prince étant nu à son lever, dans le temps qu'on lui donnait sa chemise, Nostradamus fut introduit dans sa chambre, et, l'ayant contemplé assez longtemps, dit au gouverneur qu'il aurait tout l'héritage. « Et si Dieu, ajouta-t-il, vous fait grâce de vivre jusque-là, vous aurez pour maître un roi de France et de Navarre. » Ce qui semblait alors chose incroyable [3].

---

1. Plus tard Henri III.
2. D'après l'historien Gaufridi.
3. D'autres auteurs déclarent que, pour ne pas alarmer les

Charles IX quitte Salon le 18 octobre 1564, dans l'après-midi, pour aller coucher à Lambesc. Nostradamus, mélancolique, regarde la poussière se soulever derrière le dernier carrosse...

Mais qu'a donc ce passant ? Que fait-il ? Il s'agenouille devant le vieillard ! En voici un second, puis un troisième ! un quatrième ! Ils s'agenouillent tous ! Ils le traitent de génie, de martyr ! Ils le prennent pour un révélateur, un dieu ! Tout à l'heure ils le prétendaient possédé du diable, l'appelaient un sorcier. Mais maintenant qu'ils ont vu le roi se détourner de sa route pour le consulter, ils n'ont plus assez de louanges et de témoignages d'admiration. Quand il passe, appuyé sur sa canne, on s'écarte pour lui laisser le chemin libre. S'il pousse la porte d'une boutique, chacun se tait, et l'on s'empresse de lui offrir un siège. Son nom est prononcé dans toutes les prières publiques et, quand il entre à l'église, les dévots se lèvent en faisant craquer le bois de leurs bancs et s'inclinent avec un grand respect. Comme on l'aime, maintenant, ce bon Nostradamus, qu'on a tant méprisé ! Et la colère du peuple se retourne contre ses accusateurs. Ils sont hués, poursuivis, chassés de la ville à coups de pierres. Les médecins aux langues empoisonnées courent vers les portes avec leurs rabats en désordre et leurs longues robes qui s'enroulent autour de leurs mollets. La vue du châtiment qui leur est infligé plonge les autres dans la consternation, et plus per-

reine mère et le roi, l'examen du prince de Béarn fut fait, à leur insu, dans la maison voisine habitée par Pierre Tronc, dit Coudoulet. L'horoscope de Nostradamus est mentionné au registre journal de Henri IV.

Chronique de la ville de Salon, par Louis Gimon, 1882.

sonne n'ose s'élever encore contre les prophéties de Nostradamus [1].

Le vieillard ne voit donc plus autour de lui que visages souriants et approbateurs, quand la reine Catherine de Médicis, qui est à Arles avec le roi et n'en peut sortir à cause du débordement du Rhône, le fait appeler pour le consulter une fois encore, car sa confiance en Nostradamus est devenue si profonde qu'elle ne peut se décider à s'éloigner de lui sans espoir de retour.

Don Francès de Alava, qui fut de la suite royale lors du voyage à Salon, parle de la « légèreté » de la reine-mère et de la confiance qu'elle accordait aux prophéties. En racontant ce que Nostradamus lui avait révélé écrit-il : « elle avait un air aussi confiant que si elle citait saint Jean ou saint Luc. »

Les Salonais prièrent le médecin astrophile de porter au roi le compliment qu'ils devaient lui adresser lors de son départ, ce dont il s'acquitta de la meilleure façon.

Nous ignorons la consultation qu'il donna à Leurs Majestés, mais nous savons que le roi lui remit deux cents écus d'or et que la reine en ajouta cent. Il fut, en outre, gratifié du titre de médecin et conseiller ordinaire du roi, pour en jouir « avec les gages, prérogatives et honneurs y attachés. [2] »

La peste avait quitté Salon avec le cortège royal, et ses habitants organisèrent une procession solennelle d'actions de grâces sous une pluie glaciale qui ne cessa de tomber et annonçait l'hiver.

---

1. D'après *Nostradamus*, par Eugène Bareste.
2. *Chronique de la ville de Salon*, par Louis Gimon. 1882

Nostradamus continuait de s'intéresser à l'entreprise d'Adam de Craponne, et par-devant maître Roche, notaire, le 30 août 1565, Anne Ponsart prêta à l'ingénieur cent écus pistolets, sous la caution d'Antoine Marck, dit le capitaine de Tripoly, oncle d'Adam.

A quelque temps de là, le médecin astrophile fit une nouvelle prophétie.

Le jeune roi Charles IX étant sur le point d'entrer dans l'église cathédrale de Marseille, et voyant que le petit prince de Navarre, arrêté sur le seuil. refusait d'aller plus avant puisqu'il était protestant, lui prit sa toque et la jeta dans le sanctuaire, pour l'obliger d'en franchir le pas. Ce qu'il fit. Nostradamus, à qui l'on rapporte l'incident, déclare alors que cette plaisanterie figure le retour du prince dans le giron de l'Église. Rien pour l'instant ne permet d'espérer une telle conversion, et néanmoins ceux qui entendent parler le mage marquent un grand respect. Ils sont certains que les événements prédits par Nostradamus se réaliseront un jour. Le médecin astrologue prophétiserait que la lune va bientôt rouler sur la terre, et que le temps est proche où les hommes voleront comme des oiseaux, qu'ils l'écouteraient sans sourciller. La foi leur est venue. Nostradamus peut leur dire ce qu'il lui plaît d'annoncer. Ils le croiront aveuglément. Mais il est trop tard, maintenant, pour avoir confiance en lui. Leurs doutes, leurs menaces, leurs injures, ont ruiné la santé du vieux prophète. L'eau monte en lui. Plus rien ne peut l'en débarrasser. Il enfle un peu plus chaque jour, et la peau trop tendue éclate par endroits. Aussi attend-il son année « climatique », qu'il sait devoir lui être funeste. Il n'a plus la force de s'occuper de ses propres affaires, et doit confier la réédition de ses Centuries VIII, IX et X au frère Jean Vallier, du couvent de Salon des Minimes de Saint-François. Il ne quitte plus sa maison et ne reçoit que quelques amis intimes tels que Chavigny, Palamède, Marc et Jacques de Suffren.

L'oracle de Salon n'a plus rien à faire avec le monde. Qu'on le laisse donc en paix.

Les visiteurs qui viennent frapper à sa porte sont éconduits. A voix basse, on leur explique que le maître est très malade. L'âge, le travail, le chagrin et la goutte ont usé sa santé. Peut-être laisse-t-il échapper des plaintes qu'on entend de la rue. Et la maison où souffre le vieillard est pleine de jeux et de cris d'enfants, telles ces maisons des jeunes époux qui ont devant eux beaucoup de jours à vivre.

Déjà les petits ne doivent plus avoir le droit d'approcher du malade... Les rares personnes qui montent chez lui ont le pas léger, le geste prudent, la voix basse. Dame Anne passe en sa longue robe soyeuse, remue des cuillers dans les hanaps, glisse des bassinoires entre les draps et, quand Nostradamus paraît plus fatigué, leur parlant à l'oreille, invite les fidèles amis de ses derniers jours à s'en retourner chez eux.

Chavigny, lui, est toujours là. C'est son visage penché et anxieux que rencontrent les regards du malade quand le cœur s'affole à la montée de l'eau. C'est sa main qu'il serre entre les siennes quand il se raccroche comme un homme qui se noie. C'est à son cou qu'il se pend pour sortir de son fauteuil, les soirs où son corps est aussi pesant et inerte qu'une masse de plomb. Et ils travaillent encore ensemble, dès que le vieux prophète se sent un peu plus de force. Nostradamus lui exprime ses dernières volontés. Il doit souvent lui parler du caveau qu'il s'est fait construire, depuis plusieurs années déjà, à l'église des Cordeliers, dans l'épaisseur de la muraille, entre la grande porte et l'autel de sainte Marthe. C'est là qu'il va bientôt reposer, tout debout dans son cercueil, pour que les hommes ne le puissent fouler aux pieds.

Alors qu'il faisait travailler à ce caveau, au temps où on le traitait de sorcier, des Cabans lui ont dit que le diable le viendrait tirer par les pieds. Et il leur a répondu : « Allez, méchants, pieds poudreux ! Vous ne me marcherez jamais sur la gorge, ni pendant ma vie, ni après ma mort ! » Il s'en souvient maintenant, et se réjouit une fois encore en pensant au mur où il se tiendra droit, au lieu d'être couché humblement sous une dalle et piétiné par tous les gens de Salon jusqu'en leur plus lointaine descendance.

Sa goutte s'est changée en hydropisie, et le pauvre prophète est maintenant tout enflé. L'aventure lui paraît d'autant plus singulière que lui-même, dans le chapitre XXIII de son Traité des Confitures [1], a donné certaine recette de confiture d'écorce de buglosse qu'il prétendait excellente pour préserver de cette maladie. Amère dérision ! Il en mange, et néanmoins l'eau lui envahit le corps comme s'il était un vieux navire prêt à sombrer. Il devient bientôt si

---

1. Ce chapitre XXIII a pour titre : « Pour confire l'escorce de buglosse que les Espagnols nomment lingua bovina, qui est une confiture cordiale qui préserve le personnage de devenir hétique ou hydropique et tient le personnage joieux et allègre, chasse toute mélancolie, rajeunit l'homme, retarde la vieillesse, fait bonne couleur au visage, entretient l'homme en santé, préserve l'homme cholérique. »
Traité des Confitures, par Michel Nostradamus.

impotent qu'il doit faire placer un banc à côté de son lit afin d'y pouvoir hisser son gros ventre lourd et ses jambes enflées. C'est là qu'il se tient assis quand il étouffe entre les draps et n'y peut plus rester. Que de nuits il y passe à suffoquer, l'œil éteint, la bouche ouverte, la peau noire, tout le visage crispé par la souffrance !

Pendant qu'il lutte ainsi contre l'asphyxie, peut-être que des fantômes nocturnes l'assaillent et qu'il se débat entre les longues mains informes des faux dieux échappés des vieux livres idolâtres... A l'heure de comparaître devant le Seigneur unique et tout-puissant, comme ils doivent l'épouvanter !... Et il voit s'en venir vers lui la mort. Vers juin 1566, c'est-à-dire douze à quinze jours avant d'expirer, alors qu'il n'est pas encore très gravement malade, il écrit de sa main aux Ephémérides de Juan Stadius : Hic propre mort est. (Ma mort est proche).

Le 17 juin, il fait appeler Me Joseph Roche, notaire royal et tabellion juré à Salon, et lui dicte son testament.

Par cet acte, maistre Michel Nostradamus, docteur en médecine astrophile, conseiller médecin ordinaire du Roy, lègue à sa fille Magdeleine six cents écus d'or pistolets et à Anne et Diane, ses autres filles, cinq cents écus d'or. A sa chère épouse Anne Ponsart quatre cents écus d'or, avec certains meubles à l'usage de son habitation. Il lègue tous ses livres à celui de ses fils qui profitera le plus à l'étude aussi bien que toutes les lettres, missives et manuscrits qui se trouveront dans sa maison. Il ne veut pas qu'on en fasse un inventaire, mais qu'on les mette dans des corbeilles et qu on les ferme dans une chambre de la maison jusqu'à ce que celui qui les doit avoir soit en âge de les prendre.

Il lègue aux frères de l'observance de Saint-Pierre de Canon, un écu. A la chapelle de N.-D. des Pénitents Blancs, un écu. Aux frères mineurs du couvent de Saint-François, un écu. Six sols à treize pauvres.

Le testateur déclare encore avoir en argent comptant la somme de trois mille quatre cent quarante-quatre écus et dix sols, dont il a montré les espèces cy-après spécifiées :

36 nobles à la rose, 101 angelots, 79 doubles ducats, 26 écus vieux, 1 écu du roi Louis, 1 médaille d'or valant 2 écus florins d'Allemagne, 8 impériales, 10 marionnettes, 17 1/2 écus sols, 8 écus sols, 1419 écus pistolets, 1.203 pièces d'or dites portugalaises, valant 36 écus.

Ses trois fils sont ses héritiers universels. Les exécuteurs testamentaires sont Palamède Mark, sieur de Châteauneuf et Jacques de Suffren, escuyer.

Puis Nostradamus mande le Père Vidal, Gardien des Minimes Conventuels. Il se confesse à lui, « le cœur contrit et les larmes aux yeux », puis il reçoit l'extrême-onction.

Et le mal empire. Le 1er juillet au soir, Nostradamus sait qu'il ne reverra plus jamais le jour. Le vitrail de la fenêtre, lentement, se décolore, et les reflets rougeâtres qui s'étendent sur le bois frotté des coffres pâlissent. Assis sur sa couche, où l'enflure le tient immobile, le malade regarde Chavigny aller et venir dans la chambre. Pendant toute la journée, le bon disciple l'a soigné, et voilà que maintenant il va partir pour s'en retourner chez lui, ainsi qu'il le fait chaque soir, à la même heure. « A demain, maître », dit-il en se retirant. Mais Nostradamus, secouant doucement la tête, répond de sa voix étouffée : « Demain, au soleil levant, je ne serai plus. »

De quel regard il doit le suivre jusqu'à la porte, de quelle oreille attentive il doit écouter le bruit léger du pas de sa sandale qui s'éloigne dans l'escalier tournant !

Sans doute demande-t-il alors ses enfants pour les embrasser une dernière fois. Et les petits, un à un, trébuchent sur les marches du grand lit, se hissent jusqu'à l'hydropique, semblable à quelque monstrueuse idole prête à éclater. Après eux, dame Anne Ponsart doit pencher ses voiles sur le mourant... et, rassemblant toutes ses dernières forces, il lui fait quelque suprême recommandation, d'une voix qui a peine à sortir de son corps suffoqué. Alors, étouffant de sanglots, elle revoit le bel homme au teint fleuri épousé vingt ans plus tôt...

Puis c'est la nuit et la solitude autour de lui.

Il reste seul... Et nous ne savons plus rien de Nostradamus, sinon qu'il dut mourir vers les trois heures du matin, et qu'on le retrouva le lendemain matin sur son banc, ainsi qu'il l'avait prédit [1], presque froid déjà.

Quelles pensées, quels regrets déchirèrent peut-être

---

1. Dans son recueil de présages, il avait écrit :
De retour d'ambassade, don du Roy, mis au lieu,
Plus n'en fera, sera allé à Dieu.
Proches parents, amis, frères du sang
Trouvé tout mort, près du lit et du banc. »

son âme, alors qu'il sentait la mort l'entraîner hors de cette maison où il laissait une veuve et six petits enfants... Et qui dira ce qu'il souffrit pendant ces dernières heures de son existence où il se débattit contre la suffocation de l'eau qui lui noyait le cœur ?...

Bientôt la ville retentit de gémissements. Tous les gens pleuraient. Les pauvres et les hôteliers se montraient les plus touchés. Les uns pensaient aux aumônes qui ne tomberaient plus dans leurs mains, les autres se désolaient à songer que les riches voyageurs ne viendraient plus de tous les pays du monde afin de consulter l'oracle de Salon. La petite ville allait retomber à sa torpeur habituelle, et ils voyaient déjà leur auberge déserte où ne s'arrêteraient plus que de rares marchands portés par de maigres bidets.

Tout en se lamentant, ils s'acheminaient tous vers la demeure du prophète. Ils étaient si nombreux qu'elle ne put bientôt plus les contenir. Ils en débordaient, serrés les uns contre les autres dans la petite rue noire qu'ils emplissaient de leurs plaintes.

Puis, le jour même, fête de la Visitation de Notre-Dame, on vit paraître le mort, entouré des cires pour lesquelles il avait laissé une offrande.

Palamède Mark, sieur de Châteauneuf, et Jacques Suffren, bourgeois, qu'il avait nommé ses « gagers pour l'exécution du testament », conduisaient le deuil. Tous les gens regardaient le convoi avec une grande curiosité, car, à la manière des docteurs qui avaient écrit, on le portait en sépulture avec des livres et une écritoire à son côté.

Nostradamus était-il bien mort ? On en doutait. Bientôt on fut persuadé qu'il s'était fait enfermer tout vivant dans son caveau avec une lampe, du papier, de l'encre, des plumes et des livres, et continuait de travailler. N'avait-il pas écrit, dans son épître à son fils : qu'à cause de son débile entendement, qui ne lui permettait pas de recevoir tout ce qu'il aurait à lui déclarer de ses prophéties, il serait contraint de les finir après sa mort ? Prévoyant les troubles qui allaient bientôt agiter la Provence, il s'était ménagé cette retraite où il entendait bien qu'on le laissât en paix, disaient les gens.

Cette étrange croyance subsista longtemps, et plus d'un Salonais dût se glisser dans la chapelle des Cordeliers et aller coller son oreille à la pierre du tombeau afin d'en surprendre les bruits mystérieux. Il eût bien voulu apercevoir le docteur Nostradamus à côté de sa lampe et de son écritoire... Mais le prophète ne frapperait-il point de mort quiconque aurait la hardiesse d'ouvrir sa sépulture ? Le curieux croyait en lire la menace dans l'inscription du tombeau : « *Quietem posteri ne invidete* », simple allusion au repos dû aux morts.

Dame Anne Ponsart y avait ajouté cette épitaphe :

Ici reposent les os du très illustre Michel Nostradamus, le seul, au jugement de tous les mortels, digne d'écrire d'une plume presque divine, d'après l'influence des astres, les événements futurs du monde entier.

Il a vécu soixante-deux ans, six mois et dix sept jours. Il mourut à Salon, l'an 1566. Que la postérité ne trouble pas son repos.

Anne Ponsart Gemelle, sa moitié de Salon, souhaite à son époux la vraie félicité.

LISTE DES PRINCIPAUX
OUVRAGES CONSULTÉS

La Vie et le Testament de Michel Nostradamus, docteur en médecine, astrophile, conseiller médecin ordinaire du Roi. (DE CHAVIGNY).

Nostradamus. (Eugène BARESTE, 1840).

Histoire Chronologique de Provence. (Honoré BOUCHE, 1764).

Nouveaux Mémoires d'Histoire, de Critique et de Littérature. (Abbé d'ARTIGNY, 1749).

Prédictions tirées des Centuries de Nostradamus qui vraisemblablement se peuvent appliquer au temps présent et à la guerre qui va commencer entre la France et l'Angleterre contre les Provinces-Unies. (Chevalier DE JANT, 1672).

Le Château de Salon. (Jules FORMIGÉ, 1911).

Sur une inscription liminaire attribuée à Nostradamus. (Léon Germain DE MAIDY).

Les Juifs dans le Moyen Age. (G.-B. DEPPING, 1834).

Mœurs intimes du Passé (5e série). (Dr CABANÈS).

Les Médecins. (Alfred. FRANKLIN).

Peste de Lyon. (GRILLAT).

Histoire médicale des maladies épidémiques (IV). (OZANAM).

Mémoires pour servir à l'histoire de la Faculté de Médecine de Montpellier. (Jean ASTRUC, 1767).

Dissertation sur la peste de Provence. (M. A..., 1721).

L'histoire et Chronique de Provence (César Nostradamus 1614).

La Vie et le Testament de Michel Nostradamus. (P.-J. DE HAITZE, 1789).

Le Secret de Nostradamus. (P.-V. PIOBB, 1927).

Nostradamus, ses prophéties. (Charles NICOULLAUD, 1914).

Les Oracles de Michel de Nostredame, astrologue, médecin et conseiller ordinaire des Rois Henri II, François II et Charles IX. (Anatole LE PELLETIER, 1867).

La Concordance des prophéties de Nostradamus avec l'histoire, depuis Henri II jusqu'à Louis le Grand. La vie et l'Apologie de cet auteur. (GUYNAUD, 1709).

Eclaircissement des véritables quatrains de maistre Michel Nostradamus, Docteur et professeur de Médecine, conseiller et médecin ordinaire des rois Henri II, François II et Charles IX, grand astrologue de son temps et spécialement pour la connaissance des choses futures. (Etienne JAUBERT, 1656).

Résurrection merveilleuse en 1877 de Michel de Nostredame, le grand prophète français mort en 1566 (diverses brochures). (MONNIER, 1883 à 1896).

Registres des Délibérations de la ville de Salon.

Adam de Craponne et son canal. (BERTIN ET AUDIER, 1904).

Brief discours sur la vie de Michel de Notre-Dame (MDXCIV) (dans la Revue de l'Agénois, 1876). (J.-A. DE CHAVIGNY).

Les Contredits du seigneur du Pavillon, les Lorriz-en-Gâtinais aux fausses et abusives prophéties de Nostradamus et autres astrologues. (1560).

Œuvres diverses. (Michel NOSTRADAMUS).

Brochures diverses. (Abbé TORNÉ-CHAVIGNY).

Nouvelles Considérations. (Th. BOUYS).

La Clef de Nostradamus, par un Solitaire. (Jean Le Roux, 1710).

Vie et Testament de Nostradamus. (Palamède Tronc de Coudoulet, 1789).

Prophéties d'Olivarius et d'Orval, interprétées par leur auteur Nostradamus.

TABLE

ACHEVÉ D'IMPRIMER
LE 7 OCTOBRE 1930
PAR F. PAILLART, A
ABBEVILLE (SOMME)